구약성경 속 인물들로 살펴보는
이 시대의 진정한 용기에 대한 이야기

하나님은 용기 있는 사람을 쓰셨다

전종문 지음

예찬사

머리말

성경은 우리에게 360여 회나 “두려워 말라”는 권면을 하고 있다. 용기 있게 살라는 뜻일 게다. 예수님은 “세상에서는 너희가 환난을 당하나 담대하라. 내가 세상을 이기었노라”(요 16:33)고 말씀하셨다. 당신이 살다간 용기 있는 삶을 우리도 따르라는 뜻일 것이다.

용기란 무엇인가? 여호수아는 칼을 들고 가나안 땅을 정복하면서 용기가 무엇인가를 가르쳐주었고, 다윗은 자신의 죄를 지적하며 책망하는 나단 선지자 앞에서 무릎을 꿇고 “내가 여호와께 죄를 범하였노라”(삼하 12:13)고 고백함으로, 요나 선지자는 “나를 들어 바다에 던지라”(욘 1:12)고 외침으로 참다운 용기가 무엇인가를 깨닫게 해주었다.

용기에 대하여 관심을 갖고 성경을 읽을 때 발견한 것은 위대한 신앙인에게는 그 나름대로 용기가 있었다는 것이었다. 다시 말하면 하나님은 당신의 사역을 위하여 용기 있는 사람을 사용하셨다는 것이며, 더 정확히 말하자면 사람을 쓸 때 그 사람이 만약 용기가 없는 사람이라면 용기 있는 사람으로 만들어 사용하셨다는 것이었다.

물론 한 인물이 전 생애를 한결같이 용기 있게 살지는 않았다. 때로는 나약하기도 하고 비굴하기도 했다. 그러나 자신의 잘못이나 부족을 깨달았을 때는 부끄러운 줄을 알았고 여지없이 회개하였다. 그래서 그들은 더욱 하나님으로부터 인정을 받았고 쓰임을 받았다. 사실 우리는 얼마나 부실한 존재들인가.

우리는 지금 비겁하기 짝이 없는 사회에서 살고 있는지도 모르겠다. 폭력, 부정, 거짓, 불의, 부조리, 유언비어 날조, 폭로, 협박, 무질서 등 부도덕한 일들이 난무하는 세상에서 살고 있다. 같이 비행을 저지르고도 나중에 양심선언이라는 이름으로 폭로를 하면 영웅이 된다. 자신에 대한 통렬한 반성이나 회개가 없으면서, 거짓말을 하고도 아니라고 잡아떼고 증거 있느냐고 오히려 큰소리를 친다. 표현의 자유를 빙자하여 남의 인격을 모독하고, 돈벌이가 된다면 부도덕한 행위도 서슴지 않는다. 법망을 잘 피하는 것을 자랑인 줄 알고 오히려 법을 교묘하게 이용하기도 한다. 그렇다면 이런 행위는 매우 부끄럽고 비겁한 일이 아닌가. 나는 이렇게 부끄럽고 비겁한 사회의 면모 앞에서 우리와 같이 실수가 많고 나약한 사람이면서도 용기 있게 살다 간 신앙 영웅들에게 경의를 표하지 않을 수 없었다. 그들은 하나님의 뜻인 진리와 정의를 선포하고 지키는데 열정이 있었고, 때로 생명의 위험 앞에서도 두려워하지 않았다. 오히려 당당했다. 넘기 어려운 현실적인 벽 앞에서 담대했고, 양심에 귀를 기울이고 가슴을 치기도 했고, 눈물을 흘리면서 무릎을 꿇기도 했다. 실로 오늘을 사는 우리가 배우고 좇아야 할 부분이었다.

이 책에 인용되는 인물은 필자의 임의적인 선택이었다는 것과 그들의 용기를 언급함에 있어서도 주관적인 견해이기 때문에 사람에 따라서는 이견이 있을 수 있다는 점을 밝혀 드린다. 그리고 기술하는 과정에서 더러 내용이 중복될 수밖에 없었던 경우도 있었음을 이해해 주시기 바란다. 이 책에서는 구약의 인물만 취급했는데 다음 기회에는 신약의 인물에 대해서도 쓰려고 한다.

나는 이 책을 읽으시는 분들이 이들 신앙의 영웅들 앞에 자신을 비춰보는 시간이 잠시라도 있었으면 한다. 성경공부나 성경 예화로 사용될 수도 있겠지만 무엇보다 이 책이 신앙생활과 인격도야에 조금이라도 보탬이 되었으면 하는 바람이다. 이 책이 나올 수 있도록 협조해 주신 수유중앙교회와 특별히 이용기 권사님께 감사를 드린다.

_ 2012년, 盛夏의 계절에

삼각산 아래 목양실에서

魚隱 **전종문**

● 목차

제3부, 사무엘의 용기

제4부, 다윗의 용기

제5부, 엘리야의 용기

제6부, 다니엘의 용기

제1부

아브라함의 용기

1. 에녹의 용기

에녹은 성경 역사상 죽음을 보지 않고 하나님 나라로 옮김을 받은 최초의 사람이다. 그의 지상 생애는 365년이었다. 그 나이는 오늘날 우리의 수명에 비하면 엄청나게 긴 것이었지만 에녹이 살던 당시대에서는 그렇지 않았다.

창세기 5장에 나오는 인류의 조상 아담부터 노아까지 열 명의 족장들의 수명을 살펴보면 아담은 930세, 셋이 922세, 에노스가 905세, 게난이 910세, 마할랄렐이 895세, 에녹의 아버지가 되는 야렛이 962세, 에녹이 365세, 그리고 에녹의 아들이며 인류 역사상 최장수 기록을 가진 므두셀라가 969세, 라멕이 777세, 노아가 950세로 에녹을 제외한 아홉 명의 평균 수명은 913세로 거의 1,000수를 누렸다.

이들에 비하면 당시의 에녹은 이 세상에서 가장 짧은 생애를 산 것은 분명하지만 그러나 다른 사람들이 모두 생애의 마지막을 "죽었다"라는 말로 장식하고 있다는 점에서 차별화되고 있다. 이 사실은 인생이 얼마만큼 이 세상에 존재했느냐보다 어떻게 살았느냐가 더 중요함을 역설해 주는 게 아니겠는가.

우리는 에녹의 승천을 통하여 천국의 실재성(實在性)과 영원히 죽지 않는 세계에 대한 확신을 가질 수 있다.

예수님도 우리를 위하여 거처를 예비하러 가신다고 했고(요 14:2) "나는 부활이요 생명이니 나를 믿는 자는 죽어도 살겠고 무릇 살아서 나를 믿는 자는 영원히 죽지 아니하리니"라고 말씀해 주시지 않았던가(요 11:25-26).

성경은 에녹의 삶의 특징을 "하나님과 동행"이라고 표현하고 있다. 그러나 그 동행은 틀림없이 하나님께서 에녹의 길을 따라 주심으로 이루어진 것이 아니라 하나님께서 제시해 주시는 길을 에녹이 따라 삶으로 이루어진 동행이었을 것이다.

사람들은 대개 가정을 가지면 경건생활에 방해가 되고, 불의하고 부패한 사회에서는 의롭고 성결한 삶을 살기가 불가능하다고 생각하기 쉽다. 그럴 수 있다. 그런데 에녹은 자녀를 낳고 평범한 가정생활을 하면서도 경건을 유지했고 타락의 시대에서도 의롭고 성결한 삶을 살았다. 그리하여 아담과 하와가 에덴동산 같은 좋은 환경에서도 타락할 수 있다는 것을 보여주었다면 에녹은 타락한 환경에서도 경건생활이 가능하다는 것을 보여준 것이다.

물론 어렵고 힘든 길이었을 것이다. 많은 절제의 고통이 따랐고 많은 불이익과 모욕도 감수해야 했을 것이다.

그러나 누구나 걸을 수 있는 길을 걷는데 어느 누가 칭찬해 줄 것이며 아무나 걸을 수 있는 길을 걷는데 무슨 상이 있겠는가. 에녹은 특별한 삶이라기보다는 평범한 삶을 살았고 혼자서 제 마음대로 걷기 보다는 하나님과 동행하는데서 기쁨을 찾았을 것이다.

언제 어디서나 경건생활을 방해하는 것은 환경이 아니라 믿음의 부족 때문이라는 것을 자신의 삶으로 증거해 준 에녹. 그의 믿음은 하나님이 계시다는 확신이요, 그의 소망은 하나님께서 주시는 영원한 상급이요, 그의 인생의 목표는 하나님을 기쁘게 해드리는 일이었을 것이다(히 11:6). 유혹이 많고 바르게 살기가 힘든 혼탁한 세상에서 하나님과 동행하는 삶을 산다는 것은 과연 용기가 아니겠는가.

> "좁은 문으로 들어가라 멸망으로 인도하는 문은 크고 그 길이 넓어 그리로 들어가는 자가 많고 생명으로 인도하는 문은 좁고 길이 협착하여 찾는 자가 적음이니라"(마 7:13-14).

2. 노아의 용기

옳지 않은 사람들 속에 섞여 살면서 그 환경에 영향을 받지 않고 불의와 죄악에서 자신을 꿋꿋이 지킬 수 있는 사람은 용기 있는 사람이다.

노아가 살던 시대는 음란했다. 사람들이 신앙을 보고 반려자(伴侶者)를 구하는 것이 아니라 관능적(官能的) 아름다움을 보고 자기들이 좋아하는 대로 짝을 구하되 일부다처(一夫多妻)를 공공연하게 행하고 있었다(창 6:1-2).

오죽했으면 하나님께서 땅 위에 사람 지으셨음을 한탄하시고 마음에 근심하셨을까(창 6:6). 그만큼 당시는 사람의 죄악이 세상에 관영했다. 그 마음의 생각과 모든 계획이 악할 뿐 아니라 하나님 보시기에 악하고 부패하여 세상은 온통 죄악으로 가득 차 있었다(창 6:11).

이런 상황에서 진리를 붙들고 의롭게 산다고 하는 것이 얼마나 어려운 일인가. 그러나 노아는 하나님과 동행하는 삶을 살았다(창 6:9). 두 사람이 의합하지 못하고는 동행할 수 없는 법인데(암 3:3) 어떻게 그런 환경에서도 하나님과 일치하는 마음과 뜻으로 살 수 있었을까. 모두가 한결같이 타락하여 부도덕한데 어떻게 홀로 의(義)를 지켜 나갔을까.

짐작컨대 그를 바라보는 주위의 시선은 그를 몹시 괴롭게 했을 것이다. 노골적인 비난과 핍박과 횡포가 그의 삶을 힘들게 만들었고 때로는 신앙을 포기하고 같이 어울려 살고 싶은 마음이 들게도 했을 것이다. 차라리 모든 것을 포기하고 세상과 짝하며 같이 휩쓸리는 것이 우선 살아가기는 편했지 않았겠는가. 그러면 외롭지도 않고 따가운 시선을 받지 않아도 되었을 것이다.

그러나 노아는 그 상황과 환경에 좌초하지 않았다. 순간의 편안을 찾아서 구별된 삶을 포기하지 않았고, 힘들어도 하나님께서 명하신 방주 만드는 일을 게을리하지 않았다. 그 기간이 무려 120년, 하나님의 약속을 믿고 그 말씀에 순종하여 그 긴 역사(役事)에 뛰어들어 마침내 완성했다. 이 얼마나 위대한 용기인가!

누가 뭐라고 비난하고 비웃어도 하나님의 약속이고 하나님의 말씀이기에 소신을 굽히지 않고 관철해 나갔던 노아, 그는 참았고, 믿었고, 그리고 순종한 것이다.

결국 하나님께서 홍수로 세상을 멸망시키실 때 그의 가족 여덟 식구만 자신이 만든 방주 안에서 보호를 받았고 방주를 나와서는 자신을 통해서 새롭게 시작되는 세계를 개척하게 되었다.

그는 살아서 죄악이 관영하던 세계와 죄악이 청소된 새로운 세계, 즉 두 세계를 경험하게 된 것이다. 그것이 악한 환경에서 좌초하지 않고 120년이 넘는 긴 세월동안 꿋꿋하게 신앙절개를 지키고 순종한 사람에게 주어진 당연한 상급이 아니겠는가.

노아는 오늘을 사는 우리에게 교훈한다.

아무리 부도덕하고 타락한 세상에서 산다 할지라도 환경을 탓하지 말라. 환경이 나빠서 넘어졌고, 환경이 열악해서 실패했다고 하지 말라.

"믿음으로 노아는 아직 보이지 않는 일에 경고하심을 받아 경외함으로 방주를 준비하여 그 집을 구원하였으니 이로 말미암아 세상을 정죄하고 믿음을 따르는 의의 상속자가 되었느니라" (히 11:7).

3. 욥의 용기

욥은 아브라함과 같은 족장시대에 동방의 〈우스〉라는 곳에서 살았다. 그는 경건하여 하나님으로부터 순전하고 정직할 뿐 아니라 하나님을 경외하며 악을 멀리하는 사람이라는 인정을 받았다. 그는 매우 신앙적이고 도덕적인 인물이었다.

또한 그는 슬하에 10남매를 두었고 많은 재산을 소유하고 있어서 동방에서는 으뜸가는 부자였다. 사회적으로나 경제적으로나 남부럽지 않게 살고 있었다.

그런데 그처럼 하나님을 잘 섬기고 다복하고 윤택했던 욥에게도 어느 날 뜻하지 않은 재난과 불행이 찾아왔다. 하루아침에 전 재산이 날아가 버리고 사랑스런 열 자녀가 급사를 당했다. 설상가상으로 자신은 발바닥에서 정수리까지 종기가 나 재 가운데 앉아 질그릇 조각으로 온 몸을 긁어야 하는 신세로 전락했다.

그의 고통은 그것으로 그치지 않았다. 건강하고 평화스럽던 시절에는 사랑스럽기만 하던 아내가 "당신이 그래도 자기의 온전함을 굳게 지키느냐? 하나님을 욕하고 죽으라."고 하지 않는가.

친구들이 찾아왔다. 처음에 그들은 재앙을 만난 욥을 위로하려고 왔다. 그러나 알아볼 수 없을 정도로 상하여 있는 그의 모습을 보는 순간 소리를 질러 울며 겉옷을 찢고 하늘을 향하여 티끌을 날려 자신들의 머리에 뿌리고 이레 동안이나 할 말을 잊고 있어야 했다. 그런데 그 후부터는 욥을 위로하기 보다는 심적 고통을 가중시키는 게 아닌가. 그들은 죄를 지으면 고난을 당하는 것이고 악한 자는 고난을 당할 수밖에 없다고 욥을 훈계했다.

그러나 이런 극한 상황에서 욥은 어떻게 대처했는가?

모든 재산과 자녀를 잃었을 때는 "내가 모태에서 알몸으로 나왔사온즉 또한 알몸이 그리로 돌아가올지라. 주신 이도 여호와시요 거두신 이도 여호와시오니 여호와의 이름이 찬송을 받으실지니이다 하고" 오히려 하나님을 찬양했다(욥 1:21).

사랑하는 아내가 "차라리 하나님을 욕하고 죽으라."고 막말을 했을 때는 "그대의 말이 한 어리석은 여자의 말 같도다. 우리가 하나님께 복을 받았은즉 화도 받지 아니하겠느냐?" 하고 입술로 범죄하지 않았다(욥 2:10).

그는 끝까지 하나님을 신뢰했다. 그래서 "내가 가는 길을 그가 아시나니 그가 나를 단련하신 후에는 내가 순금같이 되어 나오리라"고 고백할 수 있었다(욥 23:10).

그후로 어떻게 되었는가. 그는 말년에 모든 것이 회복되는 하나님의 축복을 받아 누릴 수 있었다. 재산은 그전 소유보다 갑절로 받았고 자녀는 또다시 일곱 아들과 세 딸을 두었고 건강 장수의 복도 받았다.

그렇다. 욥의 용기는 모든 것을 다 잃는다 해도 오직 하나님 한

분만은 잃지 않고 붙들 수 있었다는데 있었다.

그 많은 재산이 날아갔다. 사랑하는 열 자녀를 잃었다. 건강도 잃었다. 사랑하는 아내가 위로는커녕, 하나님을 욕하고 죽으라며 등을 돌렸다. 친구들은 찾아와서 심적 고통을 가중시켰다. 재산과 자녀와 아내와 건강과 친구가 그를 외면하고 떠난 것이다.

그럼에도 인내하면서 하나님 한 분을 꼭 붙들 수 있었던 것은 그래도 하나님만은 떠나지 않을 것이라는 확신 때문이 아니었겠는가. 과연 하나님은 모든 것의 모든 것이 되시는 분이셨다. 세상의 모든 것을 다 얻었어도 하나님을 잃었다면 다 잃은 것이요, 세상의 모든 것을 다 잃었어도 하나님을 잃지 않았다면 모든 것을 얻은 것이 아니겠는가.

> "보라 인내하는 자를 우리가 복되다 하나니 너희가 욥의 인내를 들었고 주께서 주신 결말을 보았거니와 주는 가장 자비하시고 긍휼히 여기는 이시니라"(약 5:11).

4. 아브라함의 용기(1)

전혀 예기치 못했던 어느 날, 하나님은 아브라함에게 나타나셔서 명령했다. "너는 너의 고향과 친척과 아버지의 집을 떠나 내가 네게 보여줄 땅으로 가라 내가 너로 큰 민족을 이루고 네게 복을 주어 네 이름을 창대하게 하리니 너는 복이 될지라 너를 축복하는 자에게는 내가 복을 내리고 너를 저주하는 자에게는 내가 저주하리니 땅의 모든 족속이 너로 말미암아 복을 얻을 것이라"(창 12:1-3).

아브라함이 갈대아 우르에 살던 때였다. 그곳은 그의 고향이었고, 현재도 부모, 형제, 친척, 친구가 살고 있는 이른바 생활 근거지였다. 더구나 그곳은 땅이 비옥했고, 당시로써는 문화문명이 최고로 발달한 곳이었다. 그렇다면 하나님께서 가라고 지시한 땅은 어떤 곳이었는가?

아브라함으로서는 전혀 미지의 땅이었다. 그곳에는 아는 사람도 없고, 어떤 사람이 살고 있는지도 몰랐고, 어떻게 생겼으며 심지어는 어디로 가야 하는지조차 몰랐다. 우리는 아브라함과 같은 처지에서 이와 같은 하나님의 명령을 받았을 때 바로 생활근거지를 옮길 수 있었을까?

내가 지금 살고 있는 곳이 좋지 못하고, 나는 이곳에서 실패했는데 저쪽에 좋은 땅이 있으니 가보라 했으면 혹시 모르겠다. 그러나 전혀 그렇지 않았다. 지금 사는 곳이 아브라함에게 조금도 불편하지 않았다. 오히려 아브라함이 하나님의 명령에 따라서 가나안 땅에 들어갔을 때 그곳이 그에게 당장 좋은 인상을 주는 곳이 아니었다. 한곳에 정착할 수 없어 이리저리 옮겨 다녀야 했고, 더구나 그 땅에 기근이 들어 애굽으로 내려가는 고난도 당해야 했다. 그러한 고난은 고향에 가만히 눌러 앉아 있었더라면 당하지 않을 고난이었다. 그럼에도 불구하고 아브라함은 순종했다. 여건과 환경과 처지를 고려치 않고, 명령을 받은 즉시 떠났다. 어떻게 그럴 수 있었는가?

명령하신 분이 하나님이시고, 그 말씀은 하나님의 말씀이라는 이유 하나 때문이었다. 하나님의 말씀의 권위를 인정하고, 그 말씀에 무조건 순종할 수 있는 사람, 내 생각과 내 뜻과 내 의지가 아무리 합리적이고 옳은 것 같아도 과감하게 그 말씀 앞에 복종시킬 수 있는 사람은 용기 있는 사람이다. 하나님은 그러한 아브라함을 믿음의 조상으로 세우고 또 그에게 약속하신바 땅의 모든 족속이 그의 후손 예수 그리스도를 통하여 복을 받도록 하셨다.

"믿음으로 아브라함은 부르심을 받았을 때에 순종하여 장래의 유업으로 받을 땅에 나아갈새 갈 바를 알지 못하고 나아갔으며" (히 11:8).

5. 아브라함의 용기(2)

당연히 내가 차지해야 할 권리가 있고, 또 차지할 수 있는 힘이 있음에도 불구하고 그것을 다른 사람에게 양보할 수 있다면 그는 용기있는 사람이다.

아브라함이 갈대아 우르에서 하나님의 명령을 받고 가나안 땅으로 이주할 때 그와 동행한 사람은 자기의 처 "사라"와 조카 "롯" 뿐이었다. 그때까지 아브라함에겐 아들이 없었고, 롯은 양친을 잃은 아브라함의 친 조카였다.

그렇다면 자식 없는 삼촌과 부모 잃은 조카의 이 숙질관계(叔姪關係)에는 남다른 애정이 있었으리라 짐작도 가고, 더구나 전혀 미지의 타관에서 두 사람은 누구보다 서로 의지하고 아끼는 관계였을 것이라는 추측도 얼마든지 가능하다. 도저히 헤어져서는 안 되고 떨어져 살아서도 안 될 것 같은 관계였을 것이다.

그런데 세월이 흐르면서 이들에게 주어지는 환경은 그렇지 못했다. 서로 가난했을 때는 그런 일이 없었는데 아브라함과 롯이 각기 재산이 늘어나고 또 종들을 두고 살게 되자 문제가 발생하기 시작한 것이다. 아브라함의 종들과 롯의 종들이 서로 자기 주인을 위해 일하는 과정에서 자주 갈등과 다툼을 일으킨 것이다. 부득이하게 벌어지는 갈등이었을 것이다. 여기서 아브라함은 자칫 종들의 싸움이 지금까지 좋은 관계를 유지해 온 숙질관계를 해칠 수 있음을 감지하고 용단을 내렸다.

이곳은 하나님을 모르는 이방인들이 사는 곳이다. 그리고 롯과는 피를 나눈 한 골육이다. 이방인들이 보는 앞에서 골육지친이 서로 싸운다는 것은 부끄러운 일이요, 덕스럽지 못한 일이 아닌가. 아브라함은 마음이 아프지만 조카 롯과 헤어져 살기로 결정했는데 그것이 조카와의 관계를 그대로 유지하는 최선책이었기 때문이었다.

그렇다면 어떻게, 어느 방향으로 헤어져야 하는가? 방향을 달리하여 서로 떠나야 하는데 양쪽의 조건이 같을 수는 없지 않은가. 한쪽이 좋으면 다른 쪽은 그에 비해 좋지 않을 것이다. 누가 먼저 어느 쪽을 선택해야 하는가? 이런 상황에서 아브라함은 조카 롯에게 먼저 선택할 수 있는 선취권을 양보하는 배려를 했다.

"네 앞에 온 땅이 있지 아니하냐 나를 떠나가라 네가 좌하면 나는 우하고 네가 우하면 나는 좌하리라"(창 13:9).

아브라함은 촌수로도 롯보다 윗사람이고, 나이로도 어른이다. 세상의 관습이나 도의적으로 보았을 때 자신이 먼저 선택했다고 그 누구도 나무랄 사람은 없을 것이다. 그럼에도 불구하고 그는 화목과 평화를 위해서 양보했다. 사랑하기 때문에 양보하고 덕을 세우기 위해서 양보했다. 그러나 무엇보다 믿음으로 양보했다. 복은 눈에 보이는 현상세계에 있는 것이 아니라 눈에 보이지 않는 하나님의 은총 안에 있다는 믿음, 그리고 사람에게 양보하면 하나님께서 주실 것이라는 믿음.

사소한 것이라도 이익이 된다면 예의도, 체면도 저버리고 우선 차지하고 보려는 세태에서 자기의 선취권을 포기하면서까지 양보할 수 있다면 그는 분명 용기 있는 사람이 아니겠는가.

하나님은 평화주의자요. 눈에 보이는 이권을 믿음으로 포기한 아브라함을 축복했다. 그렇다면 양보정신은 성도의 미덕(美德)이기에 앞서 오히려 하나님으로부터 복을 얻어 누리게 되는 보다 적극적이고 용기 있는 행동이 아닐까.

"할 수 있거든 너희로서는 모든 사람과 더불어 화목하라"(롬 12:18).

6. 아브라함의 용기(3)

떳떳치 못한 재물 앞에서 망설임 없이 "아니요!"를 말할 수 있는 사람은 용기 있는 사람이다.

소돔성에 살고 있던 조카 〈롯〉이 전쟁에 휘말려 사로잡혀 갔다는 소식을 전해들은 아브라함은 곧 자기 집에서 훈련시킨 318명의 가신을 이끌고 추격해 들어갔다. 물론 사로잡혀간 조카를 구출하기 위함이었다.

당시 소돔을 비롯한 여러 나라를 침략하여 승리한 엘람 왕 〈그돌라오멜〉은 최강의 군사를 이끌고 있었다. 그 군대를 두려워하지 않고 뒤쫓아 간 아브라함은 분명 용기 있는 사람이었다. 그는 야음을 틈타 적진을 기습 공격하여 조카 롯을 비롯하여 사로잡혀간 모든 사람과 약탈하여 간 물건들을 모두 찾아 개선했다. 과연 아브라함은 용기 있는 사람이요, 전술 능력도 탁월했던 것 같다.

그러나 아브라함이 진정으로 용기 있는 사람이란 평가를 받을 수 있었던 것은 당시 최강의 군대를 두려움 없이 추격하여 격파했다는데 만 있겠는가. 그가 전쟁에서 승리하고 개선할 때 그들의 개선을 환영한 사람은 살렘 왕이며, 지극히 높으신 하나님의 제사장인 멜기세덱과 이름이 밝혀지지 않은 소돔 왕이었다.

아브라함은 자신을 위하여 하나님께 축복하는 살렘 왕, 멜기세덱에게는 전리품의 십분의 일을 드렸고, 소돔 왕에게는 되찾아온 포로들과 재물을 돌려주었다. 소돔 왕이 되찾아온 사람들은 되돌려 받겠지만 물품은 그냥 가지라고 양보했어도 아브라함은 거절했다. 어쩌면 생명의 위험을 무릅쓰고 적군을 공격하여 되찾아온 재물이기 때문에 못이기는 체하며 소돔왕의 제의를 받아드려도 누구로부터 비난받지는 않았을 것이다. 그러나 그는 그 재물을 떳떳치 못한 것으로 여겼다. 그래서 그는 소돔 왕에게 속한 것은 실 한 오라기나 들메끈 한 가닥도 가지지 않겠다고 거절했다. 그 이유를 그는 후에 자신이 부유하게 됐을 때 소돔 왕이 말하기를 "내가 아브라함으로 치부(致富)하게 했다"는 소리를 듣지 않기 위해서라 했다(창 14:23).

아브라함은 믿음의 사람이다. 자신은 하나님으로부터 큰 복을 받을 것이라는 확신이 있었다. 사실 자신은 이미 하나님으로부터 "네게 복을 주어 네 이름을 창대하게 하리라"는 약속을 받고 있었지 않은가(창 12:2). 그러므로 아브라함은 하나님께 마땅히 드려야 할 십일조를 드리지 않음으로 모으고, 떳떳치 못한 물질 받아서 부유해지고 싶지도 않았을 뿐 아니라 그런 오해도 받기 싫었다.

오늘 우리의 현실은 어떤가? 부정한 금품수수, 뇌물에 관한 얘기, 부정한 방법으로의 치부(致富)가 심심찮게 거론되고 있지 않은가. 그러나 이런 세태에서도 내 것과 남의 것, 떳떳한 것과 떳떳치 못한 것을 구별할 줄 안다면 그는 분별력 있는 사람임에 틀림없다. 그리고 무엇보다도 떳떳치 못한 재물 앞에서는 언제, 어떤 환경에서도 "아니요!"를 말할 수 있는 사람은 용기 있는 사람이다

하나님은 누구에게나 하나님을 경외하며, 정당하게 땀 흘리며 수고한 사람에게 그 손이 수고한 대로 먹게 해주시고 형통하게 하시며(시 128:2), 근심을 겸하지 않는 복을 주신다(잠 10:22).

> "불의로 치부하는 자는 자고새가 낳지 아니한 알을 품음 같아서 그의 중년에 그것이 떠나겠고 마침내 어리석은 자가 되리라" (렘 17:11).

7. 아브라함의 용기(4)

100세에 낳은 아들을 번제물로 바치라는 명령을 듣고 순종하여 실천할 사람이 얼마나 있을까?

어느 날 아브라함은 하나님으로부터 100세에 얻은 자식을 번제로 드리라는 명령을 받았다. 아브라함은 지체하지 아니하고 아침 일찍이 일어나 나귀에 안장을 지우고 번제에 쓸 나무를 쪼개어 싣고 사랑하는 아들, 이삭과 함께 하나님께서 지시하신 땅으로 출발했다.

그곳까지는 3일 길이었다. 아브라함은 3일 길을 걸어서 하나님께서 지시해주신 땅에 도착한 것이다. 그 3일 길을 걸으면서 아브라함은 어떤 생각을 했을까? 자식을 칼로 잡아서 불태워야 하는 그의 마음은 어떤 것이었을까? 분명히 그 3일 길은 아브라함의 마음에 고뇌와 착잡함을 제공하고 있었을 텐데, 그 점에 대해서 성경은 침묵하고 있다.

그는 바보처럼 말없이 걸었던 것 같다. 사실 무슨 말이 필요했겠는가. 생각을 말로 표현해 놓으면 그 모든 말이 원망과 불평으로 번질 가능성이 많으니 차라리 침묵하기로 한 게 아닐까.

"하나님, 언제는 약속의 자식이라고 주시고 이제는 거두어 가시렵니까? 이 자식을 번제로 드려버리면 네 씨로 하늘의 별과 같고 바닷가의 모래와 같게 하시겠다든 약속은 어떻게 되는 것입니까? 하나님의 법에 짐승을 잡아서 제사를 드리라는 규례는 있어도 사람을 잡아서 제사 드리라는 규례는 없지 않습니까? 그렇다면 하나님을 섬기는 우리의 신앙이 이방인들이 섬기는 우상숭배와 어떻게 다르겠습니까?"

얼마든지 타당한 질문을 할만도 한데 아브라함은 묵묵히 3일 길을 걸었다. 하나님께서 지시한 모리아 땅에 도착하자 그는 종들을 산 밑에 두고 아들과 함께 산에 오르기 시작했다. 번제에 쓸 나무는 아들 이삭에게 지우고 자신은 불과 칼을 들었다. 이삭이 물었다. "불과 나무는 있는데 번제로 드릴 어린양은 어디 있습니까?"

우리가 만약 아브라함의 처지에서 이 질문을 받았다면 어떻게 대답하겠는가?

"하나님이 자기를 위하여 친히 준비하실 것이다" 아브라함은 이렇게 대답했다. 이것은 분명히 거짓말이었다. "네가 번제물이다"고 차마 대답할 수 없었던 그는 임시응변으로 그렇게 대답했을 것이다.

그러나 하나님은 아브라함의 그 거짓말조차 사실로 만들어 주셨다. 번제 단을 쌓고 이삭을 결박하여 그 위에 올려놓고 막 칼을 들어 잡으려는 순간에 하나님은 황급히 그의 손을 멈추게 하고 미리 예비해 놓으신 숫양을 보여주시며 아들 대신 번제로 드리라고 하셨다. 하나님은 독자(獨子)라도 아끼지 않고 하나님께 바치려 했던 아브라함에게 "이제야 네가 하나님을 경외하는 줄을 알겠노라"고 말씀하셨다.

아브라함은 미련할 정도로 하나님께 순종했다. 도대체 자식을 태워 하나님께 드리고자 칼을 들을 수 있었던 그 용기는 어디에서 나왔을까?

성경은 "그가 하나님이 능히 이삭을 죽은 자 가운데서 다시 살리실 줄로 생각한지라 비유컨대 그를 죽은 자 가운데서 도로 받은 것이니라"고 말씀하고 있다(히 11:19).

부활신앙. 죽어도 다시 산다는 확신이 그를 용기 있는 사람으로 만든 것이다. 결국 믿음에서 나오는 순종과 믿음에서 나오는 용기는 서로 다른 것이 아니었다. 순종하는 마음으로 정면 돌파하는 것이 용기일진데 그 용기는 하나님까지도 감동시킬 수 있는 것이었다.

> "우리 조상 아브라함이 그 아들 이삭을 제단에 바칠 때에 행함으로 의롭다 하심을 받은 것이 아니냐. 네가 보거니와 믿음이 그의 행함과 함께 일하고 행함으로 믿음이 온전하게 되었느니라"(약 2:21-22).

8. 이삭의 용기(1)

어느 날 이삭은 하나님께 번제를 드리러 떠나야 한다며 아침 일찍부터 나귀에 안장을 지우고 번제에 쓸 나무를 준비하며 서두르는 아버지 아브라함을 따라 집을 나섰다. 삼일 길을 걸었다. 드디어 하나님께서 지시하셨다는 모리아 땅에 이르렀고 이제부터는 산길을 올라야 했다.

아브라함은 함께 온 종들에게 "내가 아들과 함께 예배하고 돌아올 때까지 너희는 여기서 나귀와 함께 기다리라"고 명함으로 종들이 뒤따라오는 것을 허락지 않았다. 그리고 이삭에게는 번제에 쓸 나무를 지우고 자신은 불과 칼을 들고 단 둘이 산을 오르기 시작했다.

이삭은 지금까지 하나님께 제사 드리는 아버지의 모습을 늘 보아왔기 때문에 그러려니 했을 것이다. 그러나 다른 날과는 달리 이번에는 궁금한 게 있었다. 그래서 물었다.

"불과 나무는 있거니와 번제할 어린양은 어디 있나이까?"

아브라함이 대답했다.

"내 아들아, 번제할 어린양은 하나님이 자기를 위하여 친히 준비하시리라"

이삭으로서는 더 이상 물어볼 필요가 없었다. 둘은 묵묵히 걸었다. 이윽고 둘이는 하나님께서 지시하신 지점에 이르렀고 아브라함은 익숙하게 단을 쌓고 나무를 벌여 놓았다. 이제는 어린양을 잡아서 단 나무 위에 올려놓아야 할 차례였다. 그런데 갑자기 아버지 아브라함이 자신을 붙잡고 결박하는 게 아닌가. 아버지가 아들을 결박하는 것이다. 그렇다면 하나님이 자기를 위하여 친히 준비하시리라고 했던 번제할 어린양이 바로 자신이었단 말인가!

이삭은 연로하신 아버지를 뿌리치고 자신이 하나님께 드려지는 제물이 되는 것을 거절할 수 있었다. 그는 적어도 번제에 쓸 나무를 짊어지고 산을 오를 수 있을 정도로 성장한 아들이었고 하나님께 번제를 드리려면 어린양이 필요하다는 것을 알 정도로 정상적인 지식을 가진 아들이었다.

그러나 이삭은 아버지께서 자신을 결박하려는 처사를 인위적으로 뿌리치지 않았다. 아버지 아브라함이 하나님께 순종하듯 자신은 아버지께 순종하여 순순히 결박에 응하고 단의 나무 위에 누웠다. 이는 장차 오실 메시아의 모습이 아닌가. 십자가를 지고 골고다 언덕에 오르셔서 자신을 제물로 바치셨던 우리들의 예수 그리스도.

아버지가 자신을 잡기 위해서 칼을 들었다. 그러나 이삭은 미동도 하지 않고 누워 있었다. 칼이 내려지려는 순간 놀란 것은 이삭이 아니라 여호와의 사자였다.

"여호와의 사자가 하늘에서부터 그를 불러 이르시되 아브라함아 아브라함아 하시는지라 아브라함이 이르되 내가 여기 있나이다 하매 사자가 이르시되 그 아이에게 네 손을 대지 말라 그에게 아무 일도 하지 말라 네가 네 아들 네 독자까지도 내게 아끼지 아니하였으니 내가 이제야 네가 하나님을 경외하는 줄을 아노라"(창 22:11-12).

그리고 보니 수풀에 뿔이 걸려 있는 숫양이 마침 눈에 띄었고 아브라함은 그 숫양을 가져다가 아들을 대신하여 하나님께 번제로 드렸다. 하나님께서 친히 자기를 위하여 준비한 제물이었다. 그리고 그 순간은 이삭이 자신을 하나님께 드리는 제물 되었다가 다시 부활하는 순간이기도 했다.

"그가 곤욕을 당하여 괴로울 때에도 그의 입을 열지 아니하였음이여, 마치 도수장으로 끌려가는 어린 양과 털 깎는 자 앞에서 잠잠한 양 같이 그의 입을 열지 아니하였도다"(사 53:7).

9. 이삭의 용기(2)

가나안 땅에 흉년이 들어 살 길이 막막해진 이삭은 그야말로 살기 위해서 가솔을 이끌고 애굽으로 내려가고 있었다. 그랄 땅에 이르렀을 때였다. 여호와 하나님께서 이삭에게 나타나셔서 "애굽으로 내려가지 말고 내가 네게 지시하는 땅에 거주하라"고 하시지 않는가. 그리고 지금 그곳에 거류하면 내가 너와 함께 있어 네게 복을 주고 내가 이 모든 땅을 너와 네 자손에게 줄 것이며 아브라함에게 맹세한 것을 이루어 네 자손을 하늘의 별과 같이 번성하게 하며 네 자손으로 말미암아 천하 만민이 복을 받으리라고 말씀하셨다(창 26:1-4).

이삭은 순종하여 이제 그랄 땅에 머물게 되었다. 그는 하나님의 약속을 믿은 것이다. 참으로 놀라운 것은 이삭이 순종했을 때 그곳에서 블레셋 왕 아비멜렉이 그를 환영하며 안전하게 보호해 주었고 하나님은 약속대로 그를 축복하여 그해부터 복을 내리기 시작하셨다. 소득은 백배나 얻었고 창대하고 왕성하여 마침내 거부가 되었다(창 26:12-13).

그러나 어느 시대든 사람의 근본 마음은 악했다. 자기들 땅에

얹혀사는 사람이 갑자기 자기들보다 부유해지자 그곳 블레셋 사람들이 시기하기 시작했고 처음에 환영했던 아비멜렉까지도 노골적으로 "네가 우리보다 크게 강성한즉 우리를 떠나라"고 배척한 것이다(창 26:16).

이삭은 그랄 골짜기로 쫓겨나서 장막을 치고 우물부터 팠다. 전에 아브라함이 팠던 우물 자리인데 아브라함이 죽은 뒤 블레셋 사람들이 메웠던 곳이었다. 물이 나왔다. 이를 보고 그랄의 목자들이 와서 싸움을 걸며 그 우물이 자기들의 것이라 우겼다.

이삭은 그 우물을 양보하고 다른 우물을 팠다. 역시 그곳에서도 물이 나왔다. 그런데 이번에도 그들이 찾아와 자기들의 것이라고 억지를 쓰며 싸움을 거는 게 아닌가. 이삭은 그 우물도 양보하고 떠나야 했다.

이삭은 싸우기보다는 양보를 했다. 죽기 살기로 싸워서 자기의 소유권을 주장하기 보다는 과감하게 양보하고 새로이 우물을 팠다. 어찌 보면 그는 자기 몫도 찾아먹지 못하는 바보였다. 어찌 보면 그는 너무나 나약했다.

그러나 하나님은 신실하게 하나님을 섬기며 싸우기 보다는 양보하며 평화를 원했던 이삭을 축복하여 파는 우물마다 물이 솟아나도록 하셨을 뿐 아니라 그에게 결정적 승리를 안겨주었다. 그를 시기하여 쫓아냈던 아비멜렉이 친구들과 함께 찾아와서 굴복했던 것이다.

"그들이 이르되 여호와께서 너와 함께 계심을 우리가 분명히 보았으므로 우리의 사이 곧 우리와 너 사이에 맹세하여 너와 계약을 맺으리라 말하였노라. 너는 우리를 해하지 말라. 이는 우리가 너를 범하지 아니하고 선한 일만 네게 행하여 네가 평안히 가게 하였음이니라. 이제 너는 여호와께 복을 받은 자니라"(창 26:28-29).

이제는 저들이 도리어 이삭을 두려워하게 되었다. 삶의 모습을 통하여 하나님을 모르는 불신자들로부터도 하나님으로부터 복을 받고 있음을 인정받았던 이삭. 그렇다. 사람들과 싸우지 않고 양보한 이삭은 과연 용기 있는 사람이었고 만복의 근원 되시는 하나님은 땅에서 양보하는 평화주의자, 이삭에게 하늘로부터 승리와 풍성함을 주셨던 것이다.

> "사람의 행위가 여호와를 기쁘시게 하면 그 사람의 원수라도 그와 더불어 화목하게 하시느니라"(잠 16:7).

10. 야곱의 용기

실로 야곱은 20년 만에 고향을 찾아오고 있었다. 하란 땅, 외삼촌 라반의 집으로 도피를 할 때에는 오직 지팡이 하나 가지고 요단을 건넜는데 돌아올 때는 네 명의 부인과 열 한 명의 아들을 포함한 가솔과 많은 재산을 이끌고 오게 되었다(창 32:10).

금의환향이라면 금의환향이지만 외삼촌의 집에서의 20년 세월이란 순탄하거나 평안하지를 못했다. 낮에는 더위를 무릅쓰고 밤에는 추위를 당하며 눈 붙일 겨를도 없이 혹사를 당해야 했다.

그의 외삼촌 라반은 야비한 데가 있었다. 야곱이 자신의 둘째 딸 라헬을 사랑하는 줄을 알고 딸을 주는 대신 앞으로 7년 동안 무상으로 일하라 하였고 막상 7년이 지났을 때는 큰 딸 레아를 주면서 이 고장 풍습이 큰 딸을 놓아두고 둘째 딸을 시집보내는 일이 없으니 7년을 더 무상으로 일하도록 했다. 그리하고도 6년을 더 봉사하게 했는데 그 동안도 외삼촌 라반은 품삯을 열 번이나 바꾸곤 하였던 것이다(창 31:40-41).

그 이후에도 계속 야곱을 놓아주지 않으려 함으로 야곱은 모든 재산과 가솔을 이끌고 도망치듯 외삼촌의 집을 나왔다. 한 고비를 넘은 것이다.

그러나 그에게는 또 한 고비가 기다리고 있었으니 형 에서가 살고 있는 세일 땅을 어떻게 지나느냐 하는 것이었다. 20년이 지났어도 그의 마음 한 구석에는 형, 에서에 대한 부담감이 지워지지 않았던 것이다.

그는 형의 마음을 누그러뜨리기로 했다. 그래서 종들을 앞서 보내 형을 만나도록 했지만 돌아온 종들의 보고에 의하면 이미 에서가 400명을 거느리고 이쪽으로 오고 있다는 게 아닌가. 동생이 돌아오고 있다는 것을 어떻게 알았을까. 얼마나 원한이 깊었으면 20년이 지난 지금까지 잊지 않고 400명이나 되는 사람을 이끌고 오겠는가.

20년 전, 사냥에서 돌아온 에서가 시장하여 팥죽을 요구했을 때 그는 에서의 경솔한 점을 이용하여 장자의 명분과 바꾸어 버렸고 아버지 이삭이 눈이 어두운 것을 기회로 에서에게 내리고자 하는 장자의 축복을 가로채기도 했다. 그는 실로 간교한 사람이었고 무슨 일을 이루기 위해서는 음험하게 수단과 방법을 가리지 않는 사람이었다. 결국 형, 에서가 속은 것을 알고 야곱을 죽이려 할 때 그는 어머니 리브가의 협조 아래 하란 땅 외삼촌의 집으로 도피해야 했고 거기서 그 후 20년 동안을 징계와 훈련의 세월을 보내야 했던 것이다.

그런데 20년 전에 자기를 죽이려 했던 그 형, 에서가 400명을 이끌고 이곳으로 오고 있다지 않은가. 야곱은 심히 두렵고 답답했다. 가솔과 가축을 두 떼로 나누어 만약 에서가 한 떼를 치면 남은 한 때는 피하리라 하고 인간적인 계획을 세웠지만 그 두렵고 답답한 마음이 편안해질 리가 없었다. 그는 하나님께 기도했다.

"내가 주께 간구하오니 내 형의 손에서, 에서의 손에서 나를 건져내시옵소서. 내가 그를 두려워함은 그가 와서 나와 내 처자들을 칠까 겁이 나기 때문이니이다"(창 32:11).

그러나 어떻게 하겠는가. 필연적으로 에서와 부딪칠 수밖에 없는 상황인 것을. 야곱은 가족과 재산을 다 앞으로 보내고 그 밤에 홀로 얍복 나루에 남았다. 그는 거기서 어떤 사람과 날이 새도록 씨름을 했다. 선지자에 의하면 야곱은 그때 천사와 겨루어 이기고 울며 그에게 간구했다고 했다(호 12:4). 야곱은 억척스럽게 천사를 붙들고 놓지 않음으로 천사에 의해서 허벅지 관절이 어긋나기까지 했다. 그래도 끝까지 씨름을 포기하지 않음으로 축복까지 얻어냈으니, 그때부터 야곱이 아니라 이스라엘이라는 이름을 얻게 된 것이다(창 32:28). 이스라엘이라 함은 하나님과도 겨루어 이기고 사람과도 겨루어 이겼다는 의미다.

야곱은 자신이 하나님과 대면하여 보았으나 생명이 보존된 것을 기념하여 그곳 이름을 "하나님의 얼굴"이라는 뜻의 브니엘이라 했고 그가 그곳을 지날 때 해가 돋았다. 희망의 새 아침이었던 것이다. 참으로 위기에서 회개의 눈물과 끝까지 축복을 받겠다는 집요한 기도가 천사까지 항복하게 만들었다면 이는 야곱의 용기가 아니겠는가.

그 후 어떻게 되었는가? 하나님과의 관계가 해결되었을 때 400명을 이끌고 왔던 에서의 마음은 변화되어 있었다. 동생을 만난에서는 그에게 달려와 그를 안고 목을 어긋맞추고 입을 맞추며 서로 울었다(창 33:4). 더 이상 에서와 야곱은 원수가 아니었다. 원수같이 헤어졌지만 다정한 형제로 다시 만날 수 있었던 것이다.

"사람의 행위가 여호와를 기쁘시게 하면 그 사람의 원수라도 그와 더불어 화목하게 하시느니라"(잠 16:7).

11. 요셉의 용기(1)

형제들의 시기로 낯선 애굽 땅으로 팔려 간 요셉이 당시 애굽 왕의 시위대장 보디발의 집에서 가정 총무로 발탁되었다고 하는 것은 물론 그가 하나님의 은혜를 입은 까닭이긴 하지만 또한 그가 얼마나 신실하게 행동했는가를 짐작케 한다.

주인인 보디발은 자신의 모든 소유를 다 요셉에게 위임하고 간섭하지 않았다. 그것은 틀림없이 요셉이 주인에게 신임을 받을만한 행동을 보여줬기 때문이었을 것이다. 그렇지 않다면 누가 감히 이국에서 팔려온 종에게 전 재산을 맡겨서 임의대로 관리하도록 하겠는가.

그런데 문제가 생겼다. 매사에 신실할 뿐 아니라 용모마저 준수한 요셉을 보디발의 처가 연모하여 유혹하기 시작한 것이다. 남편이 집에 없을 때면 집요하게 눈짓을 하고 동침을 요구해왔다. 만약에 요셉이 신앙에 굳게 서 있지 않았더라면 이보다 더 좋은 기회가 어디 있었겠는가. 그는 어린 나이에 부모 형제를 떠나서 먼 이국땅에 팔려온 신세다. 때로는 외롭고 고독했을 것이다. 그는 지혜로운 사람이다. 보디발의 처의 요구를 들어준 연후에 자신에게 어떤 대우가 올 것인가를 모를 리 없다. 주인이 없을 때 주인의 처로부터 최상의 대접을 받을 수 있을 것이며 이국에서의 고독도 어느 정도 달랠 수 있으리라는 것도 알았을 것이다. 만약 그가 잠시 한 눈만 감을 수 있었더라면 자진해서 접근해 오는 보디발의 처의 유혹을 거절 할 이유가 없었으리라. 오히려 마음속으로 은근히 기대했을 것이다.

그러나 요셉은 거절했다. 거절할 뿐만 아니라 단둘이 함께 있는 기회도 만들지 않았다. 그는 자신이 보디발의 처의 유혹을 거절하는 이유를 이렇게 밝혔다.

"내 주인이 집안의 모든 소유를 간섭하지 아니하고 다 내 손에 위탁하였으니 이 집에는 나보다 큰 이가 없으며 주인이 아무것도 내게 금하지 아니하였어도 금한 것은 당신뿐이니 당신은 그의 아내임이라 그런즉 내가 어찌 이 큰 악을 행하여 하나님께 죄를 지으리이까?"(창 39:8-9).

요셉이 주인의 처의 유혹을 냉정히 뿌리 칠 수 있었던 것은 하나님 앞에서 부도덕한 행위로 범죄 하는 일이 자신의 신앙양심에는 있을 수 없다는 단호한 의지 때문이었다. 그는 또한 자신을 신임해서 가정 총무로 세우고 가정의 모든 일을 임의로 주관하도록 하며 간섭조차 안하는 주인에게 은혜를 저버린 비인간적 행위와 신의를 배신한 파렴치한 행동을 할 수는 없었다.

거기다가 요셉은 자기의 위치와 본분 그리고 자기의 권한의 한계를 분명히 알고 있을 때 도저히 그런 죄악 된 일에 넘어갈 수 없었을 것이다.

요셉은 자신을 사랑했다. 그가 자신을 사랑했기에 순간적인 쾌락에 자신을 맡기지 않았고, 불의한 대접을 받기 위해서 자신의 인격을 함부로 내던지지 않았다.

하나님은 자신을 사랑하며 하나님과의 관계, 주인과의 관계, 그리고 자신의 위치를 바로 인식하는 요셉에게 어떠한 달콤한 유혹도 물리칠 수 있는 용기를 주시지 않았겠는가.

> "음행과 온갖 더러운 것과 탐욕은 너희 중에서 그 이름조차도 부르지 말라 이는 성도에게 마땅한 바니라"(엡 5:3).

12. 요셉의 용기(2)

요셉이 애굽에 종으로 팔려서 당시 왕의 시위대장 보디발의 가정 총무가 됐다고 하는 것은 결코 쉬운 일이 아니었을 것이다.

보이지 않는 하나님의 손길이 그를 인도하셨을 것이고 보이는 그의 행동이 주인의 마음을 사로잡을 정도로 신실했기 때문이었을 것이다.

그의 신실성은 주인의 처의 유혹을 과감히 뿌리친 데도 잘 나타난다. 정욕에 눈이 어두운 보디발의 처가 자존심마저 버리고 그를 유혹할 때에 그는 신앙인으로서 하나님께 득죄가 되는 부도덕한 행위를 할 수 없다고 거절했다. 자신을 신임해 준 주인의 은혜와 배려를 배신이란 이름으로 갚을 수도 없었다. 뿐만 아니라 그는 자신에게 주어진 권한의 한계를 분명히 알았다. 주인의 처의 유혹에 넘어지는 것은 원인이야 어쨌든 주어진 권한의 한계를 벗어나는 행위가 아닌가.

요셉은 보디발의 처의 유혹을 즉시 거절했다. 집요하게 파고드는 유혹을 꾸준히 거절했다. 어느 날 요셉이 자기 임무를 수행하고 집안에 들어갔을 때 마침 집안에는 보디발의 처 외에는 아무도 없었다. 보디발의 처로서는 절호의 순간이었으리라. 그녀는 이 기회를 포착하자 강제로 그의 옷을 붙잡고 적극적으로 유혹했다. 사세(事勢)가 부득이함을 깨달은 요셉은 옷을 벗어 던진 채 그 자리를 빠져 나왔다. 그는 단호하게 거절했다. 그것은 조금 여유를 가지고 생각해 볼 필요조차 없는 명백한 범죄행위였기 때문이었다.

요셉의 이 행동은 분명히 상(賞)을 받아야 마땅한 행위였다. 그러나 세상은 그의 행위를 모른 체 했고 하나님도 당장은 그에게 상을 내리지 않았다.

"혼자 있는 시간에 찾아와서 겁탈하려는 것을 소리를 지르며 반항을 하자 옷을 벗어놓고 도망갔다"고 하는 보디발의 처의 음흉한 무고에 의해서 요셉은 즉시 감옥에 갇히게 되었다.

보디발은 분노했다. 부인의 말을 믿는 그로서는 당연히 배신감에 부들부들 떨었을 것이다. 얼마나 기가 막힐 노릇인가! 얼마나 억울한 일인가! 정말 분노해야 할 사람은 누구인가?

그럼에도 불구하고 요셉은 자신의 무죄함을 누구에게도 변명하지 않았다. 진실이 밝혀진다 해도 그렇고, 밝혀지지 않는다고 해도, 자신이 그 집에서 더 있을 수 없는 신분이라면 떠나는 마당에 그 가정을 파괴하고 싶지 않아서였을까. 진실은 언젠가 드러나게 된다는 확신 때문이었을까. 아니면 심판하시는 이는 하나님이심을 믿고 하나님께 그 결과를 맡긴 까닭이었을까. 변명할 가치조차 없는 일에 정력을 소비하고 싶지 않아서였을까.

말없이 누명을 쓰고 감옥으로 들어가는 요셉을 보자. 그는 과연 용기 있는 사람이 아닌가!

"그가 곤욕을 당하여 괴로울 때에도 그의 입을 열지 아니하였음이여, 마치 도수장으로 끌려 가는 어린 양과 털 깎는 자 앞에서 잠잠한 양 같이 그의 입을 열지 아니하였도다"(사 53:7).

13. 요셉의 용기(3)

명백한 잘못이요, 더구나 그 잘못이 자신을 해하려 했던 악행이었음에도 불구하고 후에 이를 보복하지 않고 오히려 위로하며 용서할 수 있는 사람은 용기 있는 사람이다.

요셉은 야곱이 노년에 얻은 열한 번째의 아들이었다. 그는 소년기를 다른 이복형제들보다 외롭게 자랐을 것으로 짐작이 된다. 왜냐하면 그의 모친 라헬은 야곱의 일족이 고향으로 돌아오는 베들레헴 길에서 동생 베냐민을 낳다가 일찍 세상을 떠났기 때문이다. 그러나 그는 다른 형들보다 지혜로웠기 때문에 아버지 야곱으로부터는 많은 사랑을 받았다. 다른 형제들이 입지 못하는 채색 옷을 입고 자랐다. 어쩌면 그의 아버지 야곱이 요셉에게 더 큰 애정을 쏟은 것은 물론 그가 지혜로워서이기도 했지만 그가 네 명의 부인 중 가장 사랑했던 부인 라헬의 소생이요, 어머니 없이 자란다는데 인간적인 연민이 작용했는지도 모른다.

그러나 요셉의 그 지혜로움과 아버지로부터 받는 특별한 총애는 배다른 형들로부터는 시기와 미움의 대상이 되기에 충분했다. 그는 어느 날 아버지의 심부름으로 양을 치는 형들을 찾아 갔다가 애굽에 종으로 팔리는 비운의 사람이 되었다. 물론 죽임을 당하지 않은 것만으로도 당시로서는 다행이었다. 그는 애굽으로 팔려갈 때 형들에게 살려달라고 애걸을 했다. 그러나 형들은 매정했다(창 42:21).

그리고 세월이 흘렀다. 그동안 애굽으로 팔려온 요셉은 애굽의 시위대장 보디발의 집에서 가정 총무로 섬겼고, 보디발의 처가 유혹하는 것을 거절했다가 오히려 그녀의 무고로 감옥에 갇히기도 했다. 그는 감옥에 갇혀있는 죄수의 신분으로 애굽 왕의 꿈을 해몽해줌으로 일약 대 애굽 나라의 국무총리로 박탈이 되었다. 그는 풍년이 드는 7년 동안의 곡식을 사들여 보관하므로 다음에 이어지는 7년의 흉년을 대비하는, 그야말로 경제정책에 성공한 명재상이 되었다.

과연 팔레스타인 지방과 애굽에 이르는 전 지역에 흉년이 찾아왔고 가나안 땅에 살고 있는 야곱의 일족도 식량난에 직면하게 되었다. 궁여지책으로 야곱은 아들들을 애굽으로 보내 양식을 사오도록 해야 했다. 원수는 외나무다리에서 만난다던가. 요셉을 애굽에 팔아먹었던 형들과 지금은 당당히 애굽의 제 2인자가 되어 있는 요셉이 역전된 상황에서 만나게 된 것이다. 요셉으로서는 지난날 자신을 팔아먹었던 저들의 죄를 문책하고 원수를 갚을 수 있는 좋은 기회가 찾아온 것이다. 그러나 요셉은 그들을 끌어안고 울었다. 이를 계기로 야곱의 권속 70여 명은 애굽으로 건너와 요셉의 보호 아래서 어려움 없이 살게 되었다.

그러던 중에 야곱이 세상을 떠났다. 이 사실은 요셉의 형들에게 있어서 아버지를 잃었다는 슬픔 그 자체보다 더 큰 충격으로 다가왔다. 죄를 지은 사람은 항상 불안할 수밖에 없잖은가. 지금까지는 그래도 아버지와의 관계 때문에 보호를 받았지만 이제 아버지마저 세상을 떠난 이 판국에 행여 요셉이 지난날의 잘못을 들춰내면서 자신들에게 보복해오면 어떨 것인가.

그들은 요셉에게 용서를 빌면서 말했다. "아버지께서 살아계실 때 우리에게 말씀하신 것인데 이제 말한다. 아버지께서 우리가 악을 행하였을지라도 이 허물과 죄를 용서하라고 너에게 전하라 했노라" 이 말을 들은 요셉은 울었다. 그리고 불안해하는 형들에게 말했다.

"두려워하지 마소서. 내가 하나님을 대신하리이까? 당신들은 나를 해하려 하였으나 하나님은 그것을 선으로 바꾸사 오늘과 같이 많은 백성의 생명을 구원하게 하시려 하셨나니 당신들은 두려워하지 마소서. 내가 당신들과 당신들의 자녀들 기르리이다"(창 50:19-21).

요셉은 원수 갚는 일이 사람에게 주어지지 않았다는 것을 알고 있었다(롬 12:19). 그는 하나님은 합력하여 선을 이루시는 분임을 믿었다(롬 8:28). 형들은 악한 마음으로 자신을 애굽에 팔았을지라도 그것은 장차 흉년이 들었을 때 이스라엘을 구원하기 위해 미리 자신을 보낸 하나님의 섭리로 믿은 것이다(창 45:5).

그는 오히려 불안해하는 형들에게 변함없이 보호해 줄 것을 약속하고 위로했다. 악을 선으로 이길 수 있었던 요셉, 그는 과연 용기의 사람이 아닌가.

"악에게 지지 말고 선으로 악을 이기라"(롬 12:21).

제2부

모세의 용기

1. 요게벳의 용기

훌륭한 인물의 배후에는 존경받을 만한 어머니가 있다던가. 레위 족속 아므람의 아내인 요게벳은 슬하에 미리암과 아론과 모세를 두었다. 모세와 아론 때문에 그의 어머니 요게벳의 이름이 빛난다면 요게벳의 뒷받침 없이 어찌 그의 아들 모세와 아론이 신앙의 영웅으로 존재할 수 있었겠는가.

이들이 살던 시대는 이스라엘 민족으로서는 매우 불행한 시기였다. 기근에서 애굽을 구원해 준 명재상 요셉의 은혜를 알지 못하는 새로운 왕조가 애굽에 들어서고 이 새로운 왕조는 인구가 급증하는 이스라엘 백성에 대한 불안감을 씻을 수 없었다. 그것은 지금은 비록 노예의 신분이지만 행여나 저들의 많은 인구가 전쟁이 일어날 때 대적의 편에 설까 해서였다(출 1:8-10).

애굽 왕은 결국 히브리 민족에 대하여 인구 억제책을 쓰기에 이르렀고 그 정책은 3단계로 시행되었다.

첫 단계는 이스라엘 사람들에게 혹독한 노역을 시키는 것이었다. 육신을 피곤토록 만들어서 출산율을 줄이고자 하는 의도였다. 그러나 무거운 짐을 지우고 괴롭게 하면 할수록 히브리 민족은 더욱 번식하고 창성해지는 게 아닌가(출 1:11-12).

제 1단계의 계획이 실패로 돌아가자 애굽의 바로는 산파들에게 명해서 히브리 여인들이 아이를 낳을 때 만약 남자아이거든 죽이고 여자아이거든 살려두도록 했다. 그러나 산파들은 왕의 지엄한 명령보다도 생명의 주장자이신 하나님을 두려워하여 남자아이가 태어나도 죽일 수가 없었다. 나중에 이 산파들은 애굽의 왕에게 불려가서 문책을 당했지만 "히브리 여인들은 애굽 여인들보다 건강해서 아이를 낳는다 하여 찾아가면 이미 해산한 뒤라서 죽일 수 없었다"고 변명했다(출 1:15-19).

이렇게 제 2단계의 계획도 수포로 돌아가자 이번에는 남자아이가 태어나거든 무조건 하수에 던지라는 초 강경책을 썼고 만약 이를 어기는 날이면 그 태어난 아이는 물론이거니와 그 부모도 함께 처형하도록 했다. 이러한 시대에 모세가 태어났다. 만약 요게벳이 보통 여인이었다면 모세의 운명은 어떻게 되었을까. 요게벳은 자신이 낳은 준수한 아이, 모세를 숨겨서 3개월을 키웠다. 본능적인 모성애가 그토록 큰 위험을 무릅쓰도록 했다고 할 수도 있지만 그러나 그 시대가 모든 여인이 아이를 숨겨 키울 수 없었던 시대임을 감안했을 때 이는 분명 요게벳의 용기였다.

석 달이 지났다. 요게벳의 그 용기도 더 이상 견딜 수 없는 상황에 이르자 지혜가 필요했다. 그는 모세를 갈대 상자에 담아 나일강의 갈대 사이에 두었고 그 아이의 신변에 어떤 일이 일어날 것인가를 알기 위해서 그의 누이 미리암을 멀리 숨겨두어 망을 보도록 했다. 과연 하나님은 무심치 않으셨다. 요게벳의 용기와 지혜에 하나님의 은혜가 임한 것이다. 마침 시녀들과 함께 목욕하러 나온 애굽 왕의 딸이 우는 아이가 담겨 있는 갈대 상자를 발견하고 그 아이가 히브리 사람의 아이임을 알면서도 불쌍히 여기게 되었다. 이 적당한 때에 숨어서 지켜보던 미리암이 나타나 히브리 여인 중에서 유모를 택하여 이 아이를 양육치 않겠느냐고 건의하여 허락을 받아내고 마침내 자신들의 어머니 요게벳을 천거하기에 이른 것이다. 이로써 요게벳은 친모(親母)이면서 유모(乳母)가 되어 모세에게 젖을 물리게 되었는데, 상상해 보자. 얼마나 자유스럽게 키웠으며 정성스럽게 양육했겠는가. 그것도 삯을 받으면서까지. 모세는 이렇게 바로의 공주의 아들로서 궁중에 들어가 애굽식 교육을 받을 때까지 어머니 손에서 양육을 받을 수 있었다. 모세는 영특했다. 그는 궁중에서 애굽 사람의 학술을 다 배워 그 말과 행사가 능하였다(행 7:22).

그는 이제 왕족이요, 형식상 애굽 사람이 되었다. 그런데 그럼에도 불구하고 그처럼 애굽의 우상을 따르지 않고 하나님만 섬기며 이스라엘을 사랑한 사람이 어디 있는가? 그렇다면 도대체 그가 언제, 누구로부터 여호와를 섬기는 신앙을 배웠고 자신이 애굽인이 아니라 이스라엘 백성임을 알았을까? 적어도 그는 궁중에 돌아온 이후부터 그런 교육을 받을 기회가 없었지 않은가. 그렇다면 뻔한 일이다. 친모이면서 또한 유모였던 요게벳으로부터 배운 게 아니었겠는가.

그렇다. 생명의 위험을 무릅쓰고 아이를 숨겨 키운 것은 요게벳의 용기이고 그 아이를 나일강 갈대 사이에 두어서 바로의 공주의 아들이 되게 한 것은 그의 지혜라면 그 아이를 하나님과 조국을 사랑하도록 양육하여 훌륭한 민족의 지도자 자질을 갖추도록 한 것은 그의 유아교육이었다.

"믿음으로 모세가 났을 때에 그 부모가 아름다운 아이임을 보고 석 달 동안 숨겨 왕의 명령을 무서워하지 아니하였으며"(히 11:23).

2. 모세의 용기(1)

모세가 이 세상에 태어났을 때는 민족적으로 고난의 때였다. 히브리 사람들은 사내아이를 낳으면 이유 불문하고 하수(河水)에 버려야 한다는 애굽의 바로(왕)의 명령이 시행되고 있었고 물론 이 명을 어기면 엄벌을 면할 수 없었다.

모세도 그러므로 모든 히브리 백성의 아들들처럼 당연히 하수에 버려져야 했다. 그런데 모세의 부모인 아므람과 요게벳은 모세를 하수에 버리지 않았다. 히브리서 기자는 그러한 모세 부모의 믿음을 이렇게 증거하고 있다.

"믿음으로 모세가 났을 때에 그 부모가 아름다운 아이임을 보고 석 달 동안 숨겨 왕의 명령을 무서워하지 아니하였으며"(히 11:23).

모세의 부모는 믿음이 있었다. 바로의 명령을 두려워하지 않았다. 그들은 경건했다. 그러나 그 믿음과 담대함과 경건도 3개월 이상을 버틸 수 없었다. 그들은 갈대 상자를 만들어 역청과 나무진을 칠하고 모세를 그 안에 담아 하수가 갈대 사이에 띄워 그의 운명을 전적으로 하나님께 맡겨 버렸다.

그 후 모세는 어떻게 되었는가. 마침 목욕하러 나온 바로의 공주에게 발견되어 건짐을 받게 되었고 이때 모세의 누이인 미리암이 재치있게 나타나 그 아이를 키울 유모를 소개하는데 성공했다. 미리암은 모세가 하수에 띄어질 때부터 숨어서 그가 어떻게 되는가를 보고 있었던 것이다. 모세는 결국 유모이면서 친모인 요게벳의 젖을 먹으며 양육되었고 그 후 성장하여 궁중에 들어간 그는 바로의 공주 아들로서 애굽 사람의 모든 지혜를 배워 그의 말과 하는 일들이 능하게 되었다(행 7:22).

그는 이제 이 세상을 살아가는데 있어서 돈과 명예와 권세가 얼마나 중요한 것인가를 누구보다도 잘 알게 되었다. 그럼에도 어느 날 애굽인에 의해서 자기 민족의 한 사람이 억울하게 학대를 당하는 것을 보고 일격에 그를 쳐 죽이고 그것이 탄로가 나자 미디안 광야로 도피하는 신세가 되었다. 그는 그곳에서 미디안의 제사장 이드로의 사위가 되어 양 무리를 쳤다. 무려 40년 동안이었다. 그러던 어느 날 모세는 호렙산 떨기나무 불꽃 가운데서 부르시는 하나님의 음성을 듣고 이스라엘 민족을 애굽에서 건져내어 인도하는 지도자가 될 수 있었다. 그는 광야 40년 동안 이스라엘의 지도자로 충성했다.

그는 비록 젖과 꿀이 흐르는 가나안 복지에 들어가지 못했지만 모압 평지에서 느보산에 올라 여리고 맞은편 비스가산 꼭대기에서 후손들이 들어갈 가나안 땅을 바라볼 수 있었다. 그는 그곳에서 120세의 나이에 파란만장한 생애를 마쳤다(신 34:1-7).

후에 모세를 소개할 때 성경은 말씀하시기를 "그 후에는 이스라엘에 모세와 같은 선지자가 일어나지 못하였나니 모세는 여호와께서 대면하여 아시던 자요, 여호와께서 그를 애굽 땅에 보내사 바로와 그의 모든 신하와 그의 온 땅에 모든 이적과 기사와 모든 큰 권능과 위엄을 행하게 하시매 온 이스라엘의 목전에서 그것을 행한 자이더라"고 했다(신 34:10-12).

히브리서 기자는 그의 믿음을 증언할 때 "믿음으로 모세는 장성하여 바로의 공주의 아들이라 칭함 받기를 거절하고 도리어 하나님의 백성과 함께 고난 받기를 잠시 죄악의 낙을 누리는 것보다 더 좋아하고 그리스도를 위하여 받는 수모를 애굽의 모든 보화보다 더 큰 재물로 여겼으니 이는 상(賞) 주심을 바라봄이라"고 했다(히 11:24-26).

그렇다. 모세가 바로의 공주의 아들로서 그 위치에 적응하고 만족했더라면 그는 당대에 누구와도 비교할 수 없는 부귀와 영화와 권세를 누릴 수 있었다. 그런데 버렸다. 보화도, 권세도, 영화도 버리고 하나님의 백성과 함께 고난 받기를 취하고 그리스도를 위하여 받는 능욕을 택했다.

이떤 면에서 그는 어리석은 사람이었다. 굴러 들어온 복을 차버린 격이 되었다. 그러나 오늘날은 그런 어리석은 일을 자청하는 사람이 없기에 그는 또한 용기 있는 사람이 아니겠는가.

상 주시는 분을 바라보라! 세상에서 소중하고 애착이 가는 그것을 하나님 나라를 위하여 버려보라! 비로소 더 존귀하고 영원한 것이 내 것으로 다가오리라.

“우리가 주목하는 것은 보이는 것이 아니요, 보이지 않는 것이니 보이는 것은 잠깐이요, 보이지 않는 것은 영원함이라”(고후 4:18).

3. 모세의 용기(2)

애굽을 나온 이스라엘 백성들이 3개월 만에 도착한 곳은 시내 광야였다. 백성들은 시내산 밑에 장막을 쳤고 모세는 하나님의 명령을 따라 산에 올라가 계명과 성막 등에 관한 여러 규례들을 받고 있었다(출 19:1-2).

한편 산 아래 있던 백성들은 모세가 산에서 내려옴이 더뎌지자 아론에게 압력을 가하기 시작했다. 우리를 애굽 땅에서 인도하여 낸 모세는 어찌되었는지 알지 못하니 우리를 인도할 신(神)을 우리를 위하여 만들자고 요구한 것이다.

이에 타협한 아론은 백성들에게 금붙이를 모아오도록 해서 그것으로 금송아지 형상을 만들었다. 이것을 본 백성들은 "이는 우리를 애굽 땅에서 인도하여 낸 우리 신이라"고 공포했고 아론이 그 앞에 단을 쌓자 그 앞에 제사를 드리며 먹고 마시고 춤추며 즐겼다.

하나님은 진노하셨다. 모세를 산에서 내려가도록 명하시며 말씀하셨다. "네가 애굽 땅에서 인도하여 낸 네 백성이 부패하였도다. 그들이 내가 그들에게 명령한 길을 속히 떠나 자기를 위하여 송아지를 부어 만들고 그것을 예배하며 그것에게 제물을 드리며 말하기를 이스라엘아, 이는 너희를 애굽 땅에서 인도하여 낸 너희 신이라 하였도다… 내가 이 백성을 보니 목이 뻣뻣한 백성이로다. 그런즉 내가 하는 대로 두라. 내가 그들에게 진노하여 그들을 진멸하고 너를 큰 나라가 되게 하리라"(출 32:7-10).

모세가 산에서 내려와 진(陣)가까이에 이르렀을 때 과연 거기에는 하나님께서 말씀하신대로 금송아지 우상이 만들어져 있고 패역한 백성들은 그 앞에서 난잡하게 춤추며 노래하고 있었다.

모세는 들고 있던 두 돌판을 산 아래로 던져버렸다. 하나님께서 친히 만들어 주신 하나님 외에 다른 신들을 네게 있게 말라는 말씀과 너를 위하여 새긴 우상을 만들지도 말고 섬기지도 말라는 계명 등이 새겨져 있는 십계명 돌판이었다. 그것은 여지없이 깨어졌다.

모세의 분노는 그것으로 끝나지 않았다. 백성들이 만들어 숭배했던 송아지 우상을 불살라 부수어서 가루를 만들고 그 가루를 물에 뿌려 저들에게 마시도록 했다. 아론에게는 특별히 이 백성이 어떻게 했기에 그들로 중죄에 빠지게 만들었느냐고 책망했다. 뿐만 아니라 여호와 편에 있는 레위 자손들에게 명하여 칼로 범죄 한 백성들을 죽이도록 했는데 이때 그 칼에 죽은 자가 삼천 명 가량 되었다.

모세는 이제 하나님께 나아갔다. 그리고 기도했다. "슬프도소이다. 이 백성이 자기들을 위하여 금 신을 만들었사오니 큰 죄를 범하였나이다. 그러나 이제 그들의 죄를 사하시옵소서. 그렇지 아니하시오면 원하건대 주께서 기록하신 책에서 내 이름을 지워버려 주옵소서"(출 32:31-32).

모세는 백성들의 범죄 사실을 솔직히 시인했다. 그들의 범죄야말로 모세 자신이 보아도 용서받을 수 없는 죄였기에 그는 십계명 돌판도 분노 중에 던져 깨뜨렸고 범죄의 주도적 역할을 한 3,000여명도 칼로 죽이도록 했다.

그러나 하나님 앞에 나아가서는 오히려 그 패역한 백성들을 위하여 기도했다. 그들을 살리기 위해서라면 주께서 기록하신 생명책에서 자신의 이름이 지워지는 희생도 감수하겠다고 했다.

나 없는 나라와 민족이 무슨 의미가 있는가? 그러나 민족의 지도자로서 민족 없는 나라는 또한 무슨 의미가 있는가? 그의 기도를 들으신 하나님은 범죄 한 민족을 진멸하려 했던 뜻을 돌이키셨다고 했다(출 32:14).

민족이 진멸되려 하는 위급한 순간에 차라리 자신을 버려서라도 민족을 구하려 했던 모세의 희생적 사랑과 용기에 하나님도 감동하신 게 아니겠는가.

> "나의 형제 곧 골육의 친척을 위하여 내 자신이 저주를 받아 그리스도에게서 끊어질지라도 원하는 바로라"(롬 9:3).

4. 아론의 용기

연극을 하는 배우라면 누구나 주연으로 출연하고자 하는 마음이 다 있을 것이다. 그러나 배우라고 해서 모두 주연을 맡을 수는 없다. 주연 배우만 있어서 연극이 되는 것도 아니고 또한 주연 배우만 잘해서 그 연극이 성공할 수도 없기 때문이다. 주연뿐 아니라 조연 배우나 엑스트라까지 모두가 자기 몫의 연기를 잘 했을 때 비로소 좋은 연극이 될 수 있는 것이다.

어느 사회, 어떤 공동체든지 앞에 나서서 주연 배우처럼 일하는 사람이 있다면 조연 역할을 하는 사람도 있기 마련이고 배후에서 도와주는 책임을 맡은 사람도 있다. 아론. 연극으로 친다면 그는 일생 동안 조연 배우 역할만 한 사람이라 할 수 있다. 이스라엘 민족이 애굽의 학정 아래 있을 때 그는 레위 지파의 아므람과 요게벳 사이에서 태어났고 누이 미리암과 동생인 모세와 함께 이스라엘 민족이 출애굽을 하는데 중요한 역할을 감당한 사람이다. 특별히 아론은 철저하게 모세의 수종자 역할을 했다. 그는 모세가 광야에서 40년 동안 은거생활을 하고 이제 사명을 맡기 직전에 하나님의 명령으로 광야에 나가 호렙산에서 모세를 만났고(출 4:27) 그

후로 모세의 대변인으로 사용되었다. 하나님은 모세를 이스라엘의 지도자로 세우려 할 때 그가 눌변(訥辯)이라는 이유로 지도자 자격을 사양하자 능변(能辯)의 아론을 붙여주겠다고 하셨다(출 4:10-16). 후에 최초의 대제사장이 되었고(출 40:13) 호르산에서 아들 엘리아살에게 자리를 물려주고 123세의 나이로 세상을 떠날 때까지(민 33:38-39) 동생인 모세를 충성스럽게 섬기며 추종자로서 사명을 다했다.

그도 사람인데 한번쯤 동생을 밀어내고 윗자리에 앉고 싶은 욕심은 없었을까? 없었다. 그는 끝까지 모세의 충직한 추종자로 만족했고 그들의 종형제(從兄弟)였던 고라나 르우벤 자손이었던 다단처럼 하나님께서 세워준 권위에 도전하는 우(愚)를 범치 않았다(민 16:1-3). 그는 동생이었지만 모세가 구스 여자를 취한 일로 비방한 일(민 12:1) 외에는 모세에게 충성했다. 본래 우유부단한 성품이라서 모세가 시내산에 올라 계명을 받고 있을 때 백성들의 성화로 금송아지 우상을 만들고 섬긴 일을 백성들 때문이었노라고 변명한 일은 있어도 직접적으로 모세를 대적한 일은 없었다.

그가 동생인 모세의 추종자로서 가장 두드러지게 충성된 모습을 보인 것은 아무래도 아말렉과의 전쟁 때였다. 광야를 행진하는 중 르비딤에서 아말렉의 기습 공격으로 이스라엘이 위기를 만났을 때 모세는 시종이었던 여호수아에게 적과 맞서 싸우도록 명하고 자신은 지팡이를 잡고 산꼭대기로 올라갔다. 모세는 손을 들고 기도했다. 그는 전쟁이 하나님께 속했음을 알고 있었다. 역시 그의 기도는 효력이 있었다. 기도하는 손이 내려오지 않는 한 이스라엘은 승리했다. 그러나 기도하는 손이 내려올 때는 전세가 불리해지는 것이 아닌가. 이에 함께 올라갔던 아론이 훌과 함께 돌을 가져다가 모세로 하여금 그 곳에 앉게 하고 모세의 손이 피곤하지 않도록 양쪽에서 붙들어 올렸다. 그리하여 모세의 손은 해가 지도록 내려오지 않았고 전쟁은 이스라엘의 승리로 끝났다.(출 17:8-13)

하나님은 언제나 지도자를 세우면 반드시 그를 돕는 자도 세우셨다. 그리고 그들에게 사명을 주시는데 지도자는 지도하는 사명으로, 돕는 자는 돕는 위치에서 최선을 다할 수 있도록 하셨다. 여기에 제외된 사람은 아무도 없다. 지도자가 아니면 우리는 대부분 어떤 공동체 안에서 지도자를 따르면서 협력하고 도와야 하는 입장에 서게 된다. 이러할 때 그가 나보다 어린 사람이라 할지라도, 그가 나보다 지식이 짧은 사람이라 할지라도 그를 시기하거나 멸시하지 않고 하나님의 세우심에 순복하여 자기 위치를 충실히 지킬 수 있다면 그는 용기 있는 사람이 아닐까.

"가르침을 받는 자는 말씀을 가르치는 자와 모든 좋은 것을 함께 하라"(갈 6:6).

5. 이드로의 용기

이드로는 모세의 장인으로 시나이반도 동편 아가바만(灣) 서안(西岸)에 거주하던 미디안의 제사장이었다(출 3:1). 그에게는 이드로라는 이름 외에도 "르우엘"(출 2:18)과 "호밥"(삿 4:11)이라는 별명도 있었다.

이드로에게는 일곱 명의 딸이 있었다(출 2:16). 그 일곱 딸은 모두 아버지의 양을 쳤는데 하루는 양들에게 물을 먹이려 할 때 그곳 목자들이 훼방을 놓고 있었다. 이때 마침 애굽에서 히브리 동족을 학대하는 애굽인을 죽인 일이 탄로나 이곳까지 도피했던 모세가 보고 그들을 도와주었다. 이 일이 인연이 되어 모세는 그 가정의 식객이 되었을 뿐 아니라 이드로의 사위가 되는 행운을 얻었다. 이드로는 상당한 통찰력이 있었던 것 같다. 애굽에서 도망쳐온 죄인이지만 그의 인품을 알아보고 자기의 딸 십보라와 결혼시켜 사위를 삼았다는 사실이 그렇다.

모세는 그곳에서 자그마치 40년이란 긴 세월을 장인 이드로의 양을 치면서 처가살이를 했다. 이로 보아 물론 모세의 성실성도 인정해야겠지만 그 긴 세월 동안 아무 불편 없이 사위와 함께 할 수 있었다는 것은 이드로의 참을성과 인격에 대해서도 간과해서는 안 되리라 본다.

이드로는 대범한 사람이었다. 모세가 하나님의 부르심을 받고 이스라엘 민족을 구원하기 위하여 애굽으로 돌아가고자 할 때 그는 흔쾌히 그의 가솔과 함께 떠나도록 허락하고 있다. 그 길이 얼마나 힘든 길인가? 위험한 곳으로 간다는 것을 알면서도 이드로는 애굽의 바로에게 그를 보냈던 것이다(출 4:18).

이드로는 또한 지혜로운 사람이었다. 모세가 이스라엘 백성들을 애굽에서 인도하여냈다는 사실을 알고 모세가 돌려보내었던 그의 아내 십보라와 두 아들, 게르솜과 엘리에셀을 데리고 광야의 모세에게 찾아갔다. 그는 거기서 여호와 하나님께서 이스라엘 백성들에게 베푸신 구원의 능력과 은혜를 깨닫고 여호와 하나님을 찬송하면서 고백을 했다.

"이제 내가 알았도다 여호와는 모든 신보다 크시므로 이스라엘에게 교만하게 행하는 그들을 이기셨도다"(출 18:11).

이드로는 자신이 미디안의 제사장이었지만 하나님께 번제물과 희생을 드리는 신앙인이었다(출 18:12). 그는 이스라엘과 모세를 위하여 아주 귀중한 제도를 제시해주었다. 모세가 모든 백성의 송사를 도맡아 재판하는 것이 효율적이지 못했기 때문이었다. 모세는 모세대로 하루 종일 송사의 건을 감당하느라 지쳤고 재판하러 온 백성들은 백성들대로 그 차례를 기다리느라 지치는 것을 보고 이드로는 "너는 또 온 백성 가운데서 능력 있는 사람들 곧 하나님을 두려워하며 진실하며 불의한 이익을 미워하는 자를 살펴서 백성

위에 세워 천부장과 백부장과 오십부장과 십부장을 삼아 그들이 때를 따라 백성을 재판하게 하라. 큰일은 모두 네게 가져갈 것이요 작은 일은 모두 그들이 스스로 재판할 것이니 그리하면 그들이 너와 함께 담당할 것인즉 일이 네게 쉬우리라"(출 18:21-22)고 묘안을 제시했던 것이다. 모세는 이 방법과 제도를 채택하여 수월하게 재판의 건을 해결할 수 있었다.

그 후 이드로는 사위를 따르지 않고 고향으로 돌아갔다(출 18:27). 혹시 모세에게 있어서 자신이 어떤 짐이 되지 않을까 해서였을까? 확실한 이유는 알 수 없지만 모세가 걸어가는 영광과 사명의 길에서 자신은 비켜서서 표표히 고향으로 돌아가는 모습이 아름답다. 이스라엘의 위대한 지도자 모세에게는 그 배후에 이드로와 같은 사람의 도움이 있었다는 것을 간과해서는 아니 될 것이다.

"그러므로 피차 권면하고 서로 덕을 세우기를 너희가 하는 것 같이 하라"(살전 5:11).

6. 여호수아의 용기

에브라임 지파 눈의 아들 여호수아의 본 이름은 호세아였다. 바란 광야에서 열두 명의 정탐꾼을 각 지파별로 선출하여 장차 들어가게 될 가나안 땅을 탐지하러 보낼 때 모세가 그의 이름을 여호수아(하나님은 구원자이시다의 뜻)로 개칭하여 불렀다(민 13:16). 이때 이미 그는 광야에서 이스라엘 백성들을 가나안으로 인도함으로 장차 예수 그리스도께서 모든 믿는 자들을 죄와 사망의 권세에서 구원하여 영적 가나안인 천국으로 인도하실 예표적 사역을 감당할 것을 암시해 주었던 것이다.

그는 일찍부터 모세의 충실한 시종이 되어서 모세가 시내산에 올라 성막과 율법계시를 받아 올 때 함께 오를 수 있는 영광도 얻었고(출 24:13) 회막에서 하나님을 섬길 때는 회막을 떠나지 않고 충성했다(출 33:11). 르비딤에서 아말렉의 기습공격으로 민족이 곤경에 빠졌을 때는 모세의 명을 받아 선택한 사람들과 함께 전면에 나가 싸워 승리를 이루어냈다(출 17:8-13). 40일 동안 가나안을 정탐하고 돌아왔을 때, 다른 열 명의 정탐꾼들이 그 땅의 거대한 거민과 크고 견고한 성읍들을 거론하고 그 땅이 사람을 삼키는 땅이라고 악평하며 비관적인 보고를 할 때 그는 갈렙과 함께 우리는 넉넉히 그 땅에 들어갈 수 있다고 긍정적인 태도를 견지했다. 여호수아는 이미 조상들에게 약속하신 그 하나님의 약속을 믿었고 애굽에서 인도하여 내신 하나님의 전능하신 능력을 믿었던 것이다.

그는 이 용기와 긍정적 신앙으로 해서 광야 40년 유랑 중에 죽지 않고 살아서 새로 태어난 신세대와 함께 가나안 땅을 밟을 수 있었다. 과연 하나님은 그들의 믿음대로 이루어 주셨다. 가나안에 들어갈 수 없으리라는 부정적 믿음(?)을 가졌던 사람들은 모두 광야 유랑 중에 죽었고 가나안에 들어갈 수 있다는 긍정적 믿음을 가졌던 여호수아와 갈렙은 그 믿음대로 가나안에 들어갈 수 있었던 것이다.

더욱 그에게 내려진 큰 축복은 가나안에 들어갈 때 단지 백성들과 섞여 따라 들어간 것이 아니라 모압 땅에서 죽은 모세의 후계자가 되어 백성들을 이끌고 가나안을 정복해 들어간 것이다. 물론 모세가 죽자 졸지에 지도자의 사명을 맡은 그는 감당해야 할 사역의 중압감 때문에 두려움도 있었고, 전임자였던 모세의 인격과 믿음과 지도력을 비교해 볼 때 많은 부족함도 느꼈던 것 같다. 하나님은 그러한 여호수아에게 "내가 모세와 함께 있었던 것 같이 너와 함께 있을 것임으로 마음을 강하게 하고 담대히 하라"고 격려해서 사용하셨다(수 1:5-6).

그는 그 이후 이스라엘의 지도자가 되어서 언약궤를 맨 제사장들을 앞세우고 요단강을 육지처럼 건넜으며 난공불락이라고 여겼던 여리고 성을 일주일 만에 함락시키고 가나안 땅을 정복해 들어

가서 각 지파별로 제비를 뽑아 땅을 분배해 줌으로 이스라엘의 가나안 정착을 실현시켰다. 그는 말년에 백성들을 모아놓고 고별 설교를 하는 중에 앞으로 구별된 삶을 살 것과 하나님의 말씀에 따라 순종의 삶을 살 것을 간곡히 부탁하며 "오직 나와 내 집은 여호와만을 섬기겠노라"는 결단을 보여준 것처럼 오직 하나님만을 위하여 충성과 순종과 용기 있는 일생을 살았던 것이다.

특별히 그에게는 아무도 흉내조차 낼 수 없는 위대한 기도와 하나님의 응답을 받아낸 역사가 있다. 아모리 사람들과 기브온에서 싸울 때 대적을 다 물리치기 전에 해가 지는 것이 아쉬워 하나님께 기도하며 외쳤다.

"태양아, 너는 기브온 위에 머무르라. 달아, 너도 아얄론 골짜기에서 그리할지어다"(수 10:12).

하나님은 그의 믿음의 기도를 들으시고 태양을 중천에 머무르게 하는 전무후무한 일을 시행해 주심으로 여호수아로 하여금 하나님의 뜻을 이루어 대적을 물리치고 가나안을 정복하도록 하셨다.

그 누가 감히 태양을 머무르게 해달라고 기도할 수 있겠는가? 여호수아는 믿음의 사람이었고 또한 용기 있는 사람이었다.

"…의인의 간구는 역사하는 힘이 큼이니라"(약 5:16).

7. 갈렙의 용기 (1)

갈렙은 유다 지파 여분네의 아들로 유다 지파를 대표해서 가나안 땅을 정탐하고 돌아온 열 두 명 중 한 사람이었다(민 13:6).

이스라엘 백성이 출애굽하여 바란 광야에 이르렀을 때 하나님은 모세에게 장차 들어가야 할 약속의 땅 가나안을 탐지하기 위하여 각 지파에서 족장 된 사람 하나씩을 선출하여 보내라고 명했고 모세는 즉시 순종하여 열두 명을 가나안에 파송했다.

모세는 그들을 보내면서 지시하기를 "너희는 네겝 길로 행하여 산지로 올라가서 그 땅이 어떠한지 정탐하라. 곧 그 땅 거민이 강한지 약한지 많은지 적은지와 그들이 사는 땅이 좋은지 나쁜지와 사는 성읍이 진영인지 산성인지와 토지가 비옥한지 메마른지 나무가 있는지 없는지를 탐지하라"고 했다. 그리고 담대하게 행동할 것과 그 땅의 실과를 가져오라는 분부도 잊지 않았다.(민 13:17-20)

이렇게 해서 이스라엘을 대표하는 열두 명의 정탐꾼들은 가나안 땅에 들어가 40일 동안을 탐지했고 에스골 골짜기에서는 포도 한 송이가 달린 가지를 베었는데 둘이 막대기에 꽤서 메고 돌아와 모세에게 보고를 했다.

그 내용은 먼저 그곳은 과연 젖과 꿀이 흐르는 기름진 땅이었다는 것이었고 다음으로 그들이 사는 성읍은 견고한데다 심히 컸으며 그 땅에 살고 있는 사람들은 강했는데 특별히 네피림의 후손인 아낙 자손들을 보았다는 것이었다.

그 정보는 정확했고 이견(異見)없이 일치했다. 그러나 그 땅을 향하여 들어가는 일 앞에서는 하나가 되지 못했다. 정보는 어디까지나 정보로서 전쟁의 승리를 위하여 활용하는 것으로 족하게 여겨야 했는데 그 정보를 분석한 여호수아와 갈렙을 제외한 열 명은 가나안 땅에 들어갈 수 없다고 불가론을 주장했다. 객관적인 평가에서 가나안 족속들은 강하고 우리는 약하기 때문에 승산이 없다는 것이었다.

사람들은 부정적인 측면에 더 민감한 것일까. 이 정보를 전해들은 온 회중이 소리를 높여 아우성을 치고 밤새도록 통곡하며 모세와 아론을 원망했다. 차라리 애굽에서 죽든지 이 광야에서 죽었다면 좋았을 것이라 했고 하나님은 왜 우리를 그 땅으로 인도하여 칼에 맞아 죽게 하는지, 처자식이 사로잡힐 터인데 차라리 이쯤해서 애굽으로 되돌아가는 것이 좋겠다고 하면서 실제로 한 지휘관을 세우기까지 했다. 잘못하다가는 낭패일 수밖에 없는 순간이었다.

저들의 완강한 주장 앞에서 모세와 아론은 회중 앞에서 엎드렸고 여호수아와 갈렙은 자기들의 옷을 찢으며 저들을 설득해야 했다. 앞으로 들어가게 될 가나안 땅이 매우 비옥한 땅이라는 것과 하나님께서 우리를 기뻐하시면 우리를 인도하여 그 땅을 우리에게 주실 것이며 우리는 하나님의 뜻을 거역해서는 안 되고 우리가 그 땅 사람들을 두려워해서 안 되는 이유는 하나님이 우리와 함께 하시기 때문이라고 했다.

부정적인 정탐꾼들은 가나안 땅의 환경과 그곳 사람들의 강함을 보았을 뿐이지만 여호수아와 갈렙은 하나님의 약속을 믿었다. 저들은 자신들의 연약함만 보았지만 여호수아와 갈렙은 여호와께서 기뻐하시면 우리를 그 땅으로 인도할 것이라는 확신이 있었다(민 14:8).

저들은 자신들이 살기 위해서는 애굽으로 돌아가야 한다고 생각했지만(민 14:3) 여호수아와 갈렙은 그것이 하나님을 거역하는 행위로 생각했다(민 14:9).

저들은 자신들이 애굽이나 광야에서 죽었으면 좋았을 것이라고 절망하며 하나님을 원망했지만 여호수아와 갈렙은 하나님께서 주신 땅은 심히 아름다운 땅임을 주지시키며 그 땅에 소망을 가질 것을 요구했다.

결국 저들은 가나안의 백성들에 비해 자신들은 메뚜기 같다고 보았지만(민 13:33) 여호수아와 갈렙은 오히려 그들이 우리의 먹이가 될 것이라고 했다(민 14:9).

그런데 과연 하나님은 누구의 편이 되어 주셨는가? 하나님은 누구의 편이 되어 주신 것이라기보다는 저들의 조상인 아브라함과 이삭과 야곱에게 약속한 가나안 땅을 그 후손에게 주셨고, 결국 그 약속을 의심 없이 믿은 사람들은 그 희망적이고 긍정적인 믿음대로 성취된 것을 보고 체험했을 뿐이다.

하나님께서 말씀하셨다.

“내 영광과 애굽과 광야에서 행한 내 이적을 보고서도 이같이 열 번이나 나를 시험하고 내 목소리를 청종하지 아니한 그 사람들은 내가 그들의 조상들에게 맹세한 땅을 결단코 보지 못할 것이요, 또 나를 멸시하는 사람은 한 사람도 그것을 보지 못하리라. 그러나 내 종 갈렙은 그 마음이 그들과 달라서 나를 온전히 따랐은즉 그가 갔던 땅으로 내가 그를 인도하여 들이리니 그의 자손이 그 땅을 차지하리라”(민 14:22-24)

언제 어디서나, 어떤 환경에 처한다 할지라도 흔들림 없이 하나님의 약속을 믿고 의지하며 연약한 나를 통해서 세상과 사물을 보지 않고 전능하신 하나님을 통하여 볼 줄 아는 사람은 참으로 용기 있는 사람이 아니겠는가.

“내게 능력 주시는 자 안에서 내가 모든 것을 할 수 있느니라”(빌 4:13).

8. 갈렙의 용기(2)

그의 나이 사십에 가나안 땅을 탐지하고 돌아왔던 갈렙, 그가 40년 광야 생활을 마치고 약속의 땅 가나안에 드디어 도착했을 때는 이스라엘의 모든 백성 중에서 가장 연로(年老)한 사람이 되어 있었다.

같이 정보원으로 활약했던 열 사람이 그 땅을 악평하고 백성을 절망으로 몰아감으로 하나님 앞에서 재앙으로 죽었고(민 14:36-37) 그들의 부정적인 견해에 동조하거나 부화뇌동하여 하나님을 원망했던 당시 20세 이상의 회중들은 40년 간 광야를 유리하면서 하나하나 죽어갔다(민 14:28-35).

결국 하나님의 약속을 믿고 온전히 순종했던 여호수아와 갈렙만이 자기들의 믿음대로 약속의 땅을 밟을 수 있었으니 그때는 모든 백성 중에 가장 연로(年老)한 사람들로 남아있었던 것이다.

그러나 갈렙은 여호수아와 또 다른 면모가 있었다. 여호수아가 모세의 뒤를 이은 이스라엘의 지도자로 전면에서 활약했다면 갈렙은 그 뒤에서 묵묵히 처신해야 했다. 어쩌면 같이 가나안 땅을 탐지하고, 같이 믿음을 지킨 공로자였기 때문에 하나님에 대한 불만도 있을 수 있고 여호수아에 대한 질투심도 생길 법 했지만 그는 오히려 묵묵히 그의 지도를 따르며 순종했다.

갈렙이 가나안 땅에 들어와 기업을 각 지파별로 분배받을 때는 어느덧 85세가 되어 있었다. 지난 45년의 세월이 고난과 형극의 세월이었지만 갈렙은 자신들을 광야에서 유리하도록 원인 제공을 했던 동료들을 원망하지 않았고 징계의 채찍을 들고 저들의 패역한 죄를 지도록 만드신 하나님에게 불평도 하지 않았다. 그는 묵묵히 하나님께 순종하며 약속의 땅만 바라보고 왔다.

그러나 그 고난 중에서도 잊지 않은 것은 모세를 통하여 주신 하나님의 약속이었다. "이 악한 세대 사람들 중에는 내가 그들의 조상에게 주기로 맹세한 좋은 땅을 볼 자가 하나도 없으리라. 오직 여분네의 아들 갈렙은 온전히 여호와께 순종하였은즉 그는 그것을 볼 것이요, 그가 밟은 땅을 내가 그와 그의 자손에게 주리라 하시고"(신 1:35-36).

갈렙은 지금 기업을 분배받는 시점에서 하나님의 그 약속을 상기했다. 여호와 하나님을 온전히 좇은 공로로 그가 밟은 땅을 영영히 그와 그 자손의 기업으로 주리라 했던 약속. 만약 우리가 그런 약속을 받았다면 어떤 땅을 차지하겠다고 하겠는가? 손쉽게 얻을 수 있는 땅, 기름진 땅, 그리고 넓은 땅을 요구하지 않았을까.

갈렙은 이미 가나안 땅을 탐지했던 경험을 가지고 있었기 때문에 어디가 어떻고, 어떤 사람들이 어디에 살고 있는가를 알고 있었으리라. 그런 그가 여호수아에게 요구한 땅은 헤브론 산지였다. 그렇다면 그가 요구한 헤브론 산지는 어떤 곳이었는가?

열 명의 정탐꾼들이 두려워하면서 가나안 땅에 들어갈 수 없다는 부정적인 견해를 피력하게 만들었던 장본인들, 거대한 네피림의 후손인 아낙 자손들이 지금도 크고 견고한 성을 쌓고 거기에 살고 있었다.

가나안 땅을 기업으로 받을 때 이스라엘은 그저 걸어가서 쉽게 차지하는 게 아니었다. 그곳에서 완강히 버티는 족속들과 싸워야 했고 몰아내야 했고 필연적인 전쟁을 통해서 얻어야 했다. 그렇다면 누구나 싸우기 쉬운 상대를 만나고 얻기 쉬운 지역을 선택하고자 하지 않겠는가. 그런데 왜 갈렙은 자신이 먼저 선택권을 행사할 수 있는데도 불구하고 그 어려운 지역과 힘든 상대를 선택했을까?

그는 그 이유를 모세가 그 땅을 탐지하러 보냈던 45년 전이나 지금이나 강건하고, 힘이 그때나 지금이나 같아서 싸움이나 출입하는데 전혀 불편하지 않기 때문이라 했다. 또한 그들이 아무리 강할지라도 약속하신 하나님이 함께 하실 때 그들을 넉넉히 쫓아낼 수 있다는 확신을 가지고 있었다(수 14:11-12).

젊은 시절 이래로 갈렙은 자신이 확신하는 비를 실천해 보이고 싶기도 했을 것이다. 당시 갈렙의 나이는 85세였다. 거기에 도착한 모든 회중보다 가장 나이가 많은 사람이었다. 그러나 그는 늙어있지 않았다. 그는 대적 앞에서 몸을 사리지 않았고 무사안일주의에 빠져 있지도 않았다. 그는 모범적으로 가장 힘들고 어려운 곳을 택하여 기업을 개척하려 들었다.

그 결과를 성경은 이렇게 기록하고 있다. "여호수아가 여분네의 아들 갈렙을 위하여 축복하고 헤브론을 그에게 주어 기업을 삼게 하매 헤브론이 그니스 사람 여분네의 아들 갈렙의 기업이 되어 오늘까지 이르렀으니 이는 그가 이스라엘의 하나님 여호와를 온전히 좇았음이라. 헤브론의 옛 이름은 기럇 아르바라 아르바는 아낙 사람 가운데에서 가장 큰 사람이었더라. 그리고 그 땅에 전쟁이 그쳤더라"(수 14:13-15).

하나님의 약속을 믿고 그 믿음대로 실천할 수 있는 사람, 좋은 조건에서 안일하게 대처하기 보다는 고난을 두려워하지 않고 개척의 길을 택할 수 있는 사람이라면 용기 있는 사람이 아니겠는가.

"내가 네게 명령한 것이 아니냐 강하고 담대하라 두려워하지 말며 놀라지 말라 네가 어디로 가든지 네 하나님 여호와가 너와 함께 하느니라 하시니라"(수 1:9).

9. 라합의 용기

여리고성의 라합은 지난날 기생의 신분이었다. 그는 그 신분 때문에 사람들로부터 멸시와 천대를 받았으리라 짐작이 간다. 그러나 라합은 하나님으로부터는 칭찬을 받은 믿음의 사람이었다. 히브리서 11장에 아브라함이나 모세나 다윗과 같은 신앙 인물들과 당당히 어깨를 나란히 하여 등장하고 있다(히 11:31).

라합은 가나안 땅을 점령하기 위해서는 먼저 여리고성을 무너뜨려야 하는 큰일을 앞두고 이스라엘의 지도자 여호수아가 싯딤에서 파송한 두 사람의 정탐꾼을 영접하고 보호해 준 공로가 컸다. 정탐꾼들이 라합의 집에 숨어들었을 때 여리고성의 왕이 그 정보를 입수하여 이 땅을 탐지하러 온 사람들을 끌어내라고 라합에게 기별하자 라합은 그들을 지붕 위에 숨겨놓고 태연하게 그들이 오긴 왔지만 누군지 몰랐었고 이미 나갔으니 뒤를 좇아가 보라고 속였다. 그리고 그 후에도 정탐꾼들을 창에서 줄을 달아 내려주어서 무사히 귀대하도록 도왔던 것이다. 물론 지금의 여리고성의 모든 백성이 이스라엘이 애굽에서 나와 이곳에 이르기까지의 모든 행적을 보면서 마음이 녹았고 정신을 잃을 정도로 사기가 떨어져 있다는 정보도 제공해 주었다.

라합의 이 행동은 분명 생명을 걸지 않으면 할 수 없는 용기였다. 그렇다면 과연 라합의 그런 용기는 어디서 나올 수 있었을까.

첫째는 그가 하나님에 대하여 바로 알고 있었다는데 있다. 그는 여호와는 위로는 하늘에서도 아래로는 땅에서도 하나님이심을 믿고 있었다(수 2:11).

또한 그는 이스라엘에 대한 정확한 정보와 그에 따른 선견지명이 있었다. 즉 이스라엘이 애굽에서 나올 때 하나님께서 홍해를 마르게 하신 일과 요단 저편에 있는 아모리 사람의 두 왕 시혼과 옥을 진멸시킨 일과 장차 여리고성을 포함한 가나안 땅을 이스라엘에게 주실 것에 대해서 그는 알고 있었다(수 2:9-10). 그러므로 당시 이스라엘이 가나안을 향하여 진격해 들어가는 것은 하나님의 뜻이었고 따라서 그 길을 막는 일은 어느 누가 무슨 이유를 든다해도 하나님의 뜻을 거역하는 일임을 믿었던 것이다.

과연 라합은 지혜와 믿음과 용기를 갖춘 여인이었다. 하나님께서 이스라엘 백성과 함께하고 계심을 안 것은 그의 지혜요, 선견지명이었다면, 가나안 땅을 이스라엘에게 주심을 믿고 구원이 그들과 함께 하는데 있다고 생각한 것은 그의 믿음이고, 그 믿음을 지키기 위해서 생명을 아끼지 않고 정탐꾼을 위기에서 건져 보호해 준 것은 그의 용기가 아니었겠는가.

하나님은 라합이 비록 신분은 천한 기생의 몸이었지만 그의 지혜와 믿음과 용기를 보시고 여리고성이 멸망할 때 그와 그의 온 가족을 구원해 주셨다. 붉은 줄을 창문에 매어 놓아서 다른 사람의 집들과 구별한 뒤에 보호받도록 하신 것이다. 뿐만 아니라 그의 후손으로 다윗 왕과 예수 그리스도가 태어나게 하셨고 그의 이름이 예수님의 족보에 당당히 기록되도록 하셨다(마 1:5).

"믿음으로 기생 라합은 정탐꾼을 평안히 영접하였으므로 순종하지 아니한 자와 함께 멸망하지 아니하였도다"(히 11:31).

제3부

사무엘의 용기

1. 기드온의 용기

사람이 교만하면 낮아지게 되지만 마음이 겸손하면 영예를 얻는다고 했다(잠 29:23). 기드온이 이스라엘 제5대 사사(士師)로 발탁된 것은 그의 겸손함 때문이었을 것이다.

이스라엘이 범죄함으로 하나님께서 그들을 미디안의 지배 아래 둔지 7년이 지났다. 백성들이 미디안의 학대에 못 이겨 부르짖을 때 자비하신 하나님은 이번에도 그들의 고통을 외면치 않으시고 여호와의 사자를 기드온에게 보내셨다.

"너는 가서 이 너의 힘으로 이스라엘을 미디안의 손에서 구원하라. 내가 너를 보낸 것이 아니냐?"(삿 6:14)

그러나 그에 대한 기드온의 대답은 "주여, 내가 무엇으로 이스라엘을 구원하리이까? 보소서, 나의 집은 므낫세 중에 극히 약하고 나는 내 아버지 집에서 가장 작은 자니이다"이었다(삿 6:15). 기드온은 이렇게 겸손하면서 또한 경건하고 신중한 사람이었다.

드디어 미디안 사람들이 아말렉 사람들과 동방 사람들과 연합하여 요단을 건너와 이스르엘 골짜기에 진을 쳤을 때 기드온은 무모하게 적진을 향하여 돌진하지 않았다. 주께서 이미 말씀하신대로 자신을 도구로 하여 이스라엘을 구원하시려는 의도가 분명하시다면 자신에게 확신을 주실 줄 믿었다.

그는 타작마당에 양털뭉치를 가져다 놓았다. 그리고 그 밤에 이슬이 내리되 타작마당에는 내리지 않고 양털에만 내리면 주께서 자신을 도구로 이스라엘을 구원하시려는 표징으로 알겠노라고 했다. 과연 그 밤에 이슬이 양털에만 내렸다.

기드온은 다시 한 번 시험을 했다. 이번에는 반대로 타작마당에는 이슬이 내리되 양털뭉치에는 내리지 않으면 자신을 들어 쓰시고자 하시는 하나님의 의도임을 알겠다고 했다. 역시 그대로 되었다(삿 6:36-40).

이제 기드온은 백성을 이끌고 싸우러 나가면 되었다. 전쟁에 나가기 위해서 이미 32,000명이 모여 있었다. 물론 그 수효는 쳐들어온 적군에 비하면 너무 적은 수였다. 그럼에도 불구하고 하나님은 군인의 수를 줄이라 하지 않으시는가. 많은 군대로 이기면 자신들의 힘으로 이겼다고 자긍할 수 있다는 것이었다.

먼저 하나님의 지시하심에 따라 두려워서 떠는 자들을 돌려보냈다. 1만 명이 남았다. 그 남은 자들을 물가로 데리고 가서 물을 먹여보았다. 대부분 무릎을 꿇고 물만 마셨다. 손으로 물을 핥아 먹는 사람은 겨우 300명뿐이었다.

기드온은 그 300명을 세 대(隊)로 나누고 각기 손에 나팔과 빈 항아리를 들고 그 항아리 안에는 횃불을 감추도록 했다. 그리고 야음을 틈타 서서히 적진으로 접근해 갔다.

드디어 기드온이 나팔을 불며 손에 가졌던 항아리를 부수자 그

것이 신호가 되어 모든 병사가 일제히 항아리를 부수고 왼손에 횃불, 오른손에는 나팔을 들고 그것을 불며 "여호와와 기드온의 칼이다!"하고 외쳤다.

이 기습작전에 적들은 혼비백산하여 저희들끼리 충돌하면서 패퇴하였다. 하나님께서 함께하신 기드온의 삼백 군사는 무수한 미디안 군사를 넉넉하게 물리치고 승리할 수 있었다.

기드온. 그가 이스라엘의 지도자가 될 수 있었던 것이 그의 겸손 때문이었다면 그가 하나님으로부터 인정을 받을 수 있었던 것은 하나님을 경외하며 신중히 대처하는 성품 때문이었을 것이고, 300명의 군사로 대적을 향하여 나갈 수 있었던 것은 하나님을 신뢰하는 그의 믿음과 용기 때문이 아니었겠는가.

> "…너희는 너희 하나님 여호와를 신뢰하라. 그리하면 견고히 서리라. 그의 선지자들을 신뢰하라. 그리하면 형통하리라"(대하 20:20).

2. 입다의 용기

입다는 그의 아버지 길르앗이 기생에게서 낳은 아들이었다. 그런 출신성분으로 인해 그는 배다른 형제들로부터 서러움을 받았고 "너는 다른 여인의 자식이니 우리 아버지의 집에서 기업을 잇지 못하리라"는 학대를 받아 결국 집에서 쫓겨나야 했다. 억울했지만 어느 누구 하나 그를 동정하거나 그의 처지에 대해서 변호해주는 사람이 없었고 그것이 너무나 당연한 일처럼 처리되었다.

입다는 돕이라는 땅으로 피하였다. 그리고 그곳에서 자연스럽게 잡류들과 사귀었는데 그들이 모여들자 큰 세력이 되었다. 이러한 상황에 세월은 흐르고 이스라엘에 어려운 일이 찾아왔다. 암몬자손들이 이스라엘을 공격할 채비를 하고 있었다. 이스라엘로서는 당장 그 공격을 막을 힘이 없었다. 나라의 안위를 염려해야 하는 장로들이 궁여지책으로 찾아간 사람은 돕으로 쫓겨났지만 세력을 키운 입다였다. 그들이 말했다.

"우리가 암몬 자손과 싸우려 하니 당신은 와서 우리의 장관이 되어주십시오."

그들은 입다가 이곳 돕으로 쫓겨날 때 아무런 도움을 주지 않고 동정도 하지 않은 사람들이었다. 그런 그들이 위기를 만나니 도움을 요청해 온 것이다. 입다는 섭섭함을 나타냈다.

"너희가 전에 나를 미워하여 내 아버지 집에서 쫓아내지 아니하였느냐? 이제 너희가 환난을 당하였다고 어찌하여 내게 왔느냐?"(삿 11:7)

지난날을 생각하면 억울했다. 개인감정을 앞세운다면 저들을 위하여 생명을 걸고 싸울 필요도, 이유도 없었다. 그러나 "이제 우리가 당신을 찾아온 것은 우리와 함께 가서 암몬 자손과 싸우게 하려 함이니 그리하면 당신이 우리 길르앗 모든 주민의 머리가 될 것입니다"하고 간청하는 장로들을 따라가 암몬과의 전쟁에 임하였고 그 전쟁에서 입다는 승리하여 암몬 족속으로부터 항복을 받아냈다(삿 11:33).

그가 만약 지난날의 개인감정 때문에 전쟁에 나가지 않았다면 지금까지도 비겁한 사람으로 남아있으리라. 그러나 그는 용기 있는 사람이었다. 개인감정을 접어두고 대의(大義)를 위해서 출전했던 것이다. 하나님은 이 용기 있는 입다를 축복하셔서 전쟁에 이기도록 도우셨고 이스라엘의 지도자로 세우셨다.

우리는 사사로운 감정 때문에 대의를 그르치는 일이 얼마나 많으며 사사로운 일에 집착하여 큰일을 그르치는 때가 또한 얼마나 많은가. 개인과 당리당략을 위하여 나라의 일을 그르치는 정치인들, 개인의 욕심을 채우기 위해서 나라에 손해를 끼치는 무리들, 자신의 알량한 자존심이나 소아(小我)를 위해서 하나님의 영광을 가리는 행동도 서슴지 않는 성도들이 그렇다.

우리는 나 없는 나라, 나 없는 하나님은 생각할 수 없다고 말할 수 있다. 그러나 내가 존재하는 한, 나라 없는 나, 하나님 없는 내가 무슨 의미가 있겠는가.

> "여호와를 자기 하나님으로 삼은 나라 곧 하나님의 기업으로 선택된 백성은 복이 있도다"(시 33:12).

3. 드보라의 용기

여성의 사회적 지위와 활동이 극히 제한되었던 시대에 여성인 드보라를 이스라엘의 사사(士師)와 선지자로 사용하신 것은 먼저는 탁월한 하나님의 경륜이고 다음으로는 그의 지도자로서의 자질을 하나님께서 인정하셨기 때문일 것이다.

때는 하나님께서 범죄 한 이스라엘을 징계하기 위하여 가나안 왕 야빈에게 내어줌으로 이스라엘은 20년 동안이나 가나안의 지배를 받는 시기였다. 이스라엘은 가나안의 학대에 못 이겨 비로소 자신들의 잘못을 뉘우치며 여호와 하나님께 부르짖게 되었고 자비하신 하나님은 그 부르짖음을 외면하지 않으셨다. 그리하여 이스라엘의 회복을 위하여 세운 지도자가 랍비돗이라는 사람의 아내인 드보라였다.

드보라는 하나님의 명령에 순종했다. 바락을 불러 하나님께서 너를 들어 가나안 왕 야빈의 군대장관 시스라와 그의 군대를 기손 강으로 이끌어 낼 것이고 거기서 너는 그들의 군대를 진멸하게 될 것이라는 말씀을 전했다. 그리고 그로 하여금 납달리 자손과 스블론 자손 중에서 1만 명을 거느리고 다볼 산에 집결하도록 명했다.

한편 가나안의 군대장관 시스라는 이스라엘의 군대가 다볼산에 집결했다는 정보를 입수하고 군대를 동원하여 기손강으로 진격해 들어왔다.

전쟁은 기손강에서 벌어졌다. 그때 벌써 가나안 왕 야빈은 철병거 900승을 보유하고 있었고 막강한 군사와 무엇보다 휘하에 용맹스런 장수 시스라를 군대장관으로 두고 있었다.

그러면 이와 맞서 싸워야 할 이스라엘은 어떠했는가? 병력이라고는 전쟁에 참여해 보지 않은 군대, 그것도 1만 명에 불과했다. 그러나 이스라엘에게는 하나님의 응답이 있었다. 드보라는 “일어나라, 이는 여호와께서 시스라를 네 손에 넘겨주신 날이라, 여호와께서 너에 앞서 나가지 아니하시느냐”며 바락을 격려하고 싸움에 임하도록 했다(삿 4:14).

신기한 일이 일어났다. 객관적인 전력으로는 막강한 가나안 군대를 대적할 수 없을 것 같았던 이스라엘이 승리했다. 만군의 여호와 하나님께서 이스라엘과 함께 하여 싸워 주셨던 것이다.

가나안의 군대는 이스라엘에 의해서 진멸되고 겨우 목숨만 건진 가나안의 군대장관 시스라는 가데스에 가까운 사아난님에 살고 있는 헤벨의 집으로 도피해 들어갔다. 전에 헤벨은 가나안 왕 야빈과 좋은 관계를 유지하고 있었기 때문이었다. 그러나 헤벨의 부인 야엘은 가나안의 패장(敗將) 시스라를 거짓으로 영접하고 그를 이불로 덮어 보호하는 척 하며 안심을 시킨 뒤 그가 곤비하여 깊은 잠에 빠져 들었을 때 방망이로 그의 관자놀이에 장막 말뚝을 박아 질식시켜 버렸다. 이 여인 야엘은 모세의 장인 호밥의 자손이요, 이스라엘에 호의적이었던 헤벨의 아내였다. 전쟁은 이제 이스라엘의 승리로 끝났고 이후 드보라가 통치하는 40년 동안 그 땅에는 평화가 이루어졌다.

드보라. 그녀는 "드보라의 노래"라는 아름다운 승리의 노래를 남겼고(삿 5) 선지자로서 하나님의 뜻을 따라 순종하였다. 또한 사사로서 발락을 등용하고 야엘의 협조까지 얻어내 가나안과의 전쟁을 승리로 이끌어 이스라엘에 자유와 평화를 이룩했다. 불굴의 신앙과 담력, 그리고 여러 인재를 활용하는 탁월한 지도력으로 약세의 이스라엘 군대로 막강한 가나안 왕 야빈을 물리친 것이다.

그의 하나님만 의지하는 신앙과 탁월한 지도력은 어느 누구도 그를 용기 있는 사람이라고 칭하는데 반기를 들 수 없게 했다. 정의와 진리 편에 서고 하나님 나라를 위하여 싸운다면 그가 누구일지라도 그는 이미 용기 있는 사람이고 반드시 승리하게 될 것이다. 하나님이 싸워주시기 때문이다.

> "여호와는 내 편이시라 내가 두려워하지 아니하리니 사람이 내게 어찌할까"(시 118:6).

4. 삼손의 용기

이스라엘에게 있어서 민족적인 시련과 수난의 때에 삼손은 태어났다. 하나님은 은혜를 저버리고 악을 행하는 이스라엘을 징계하기 위하여 40년 동안 블레셋에 팔아서 그들의 학정과 지배에 시달리던 때에 단 지파의 경건한 사람 마노아를 통하여 삼손을 태어나게 했다. 그는 나면서부터 나실인으로 구별되어져야 했고 사사(師士)가 되어 이스라엘을 블레셋으로부터 구출해내야 하는 사명이 주어져 있었다. 그리고 그 막중한 일을 위하여 하나님은 그에게 특별한 은사를 주셨는데 그는 보통 사람들과는 다른 힘을 가지게 되었다. 하나님은 그의 그 힘을 자르지 않는 머리에서 나오도록 했다. 그러므로 그는 그 힘을 이스라엘의 독립과 하나님의 영광만을 위하여 사용해야 했다. 그런데 불행하게도 삼손은 하나님께서 주신 그 특별한 힘을 잘못된 데 사용했다.

성경에 의하면 그의 주변에 세 명의 이방 여인이 있었다. "네 형제들의 딸들 중에나 내 백성 중에 어찌 여자가 없어서 네가 할례받지 아니한 블레셋 사람에게 가서 아내를 맞으려 하느냐" 하는 부모의 간곡한 만류에도 불구하고 "내가 그 여자를 좋아한다"고 고집하여 결혼했던 딤나의 블레셋 여인과(삿 14:3) 이름이 밝혀지지 않은 가사의 기생(삿 16:1), 그리고 소렉 골짜기의 들릴라가 그들이었다. 그들은 하나같이 거룩을 유지해야 할 사사요 나실인인 삼손이 관계해서는 안 될 이방 여인들이었다. 결국 그의 여성 편력은 실패로 돌아갔으니 사랑을 배신이라는 이름으로 갚은 들릴라의 무릎에 누워서 머리를 깎임으로 힘을 잃고 블레셋 사람들에게 잡혀버린 것이다. 그는 블레셋 사람들에 의해서 눈 빼임을 당했을 뿐 아니라 놋줄에 묶여 옥중에서 맷돌을 돌리는 신세로 전락했다. 하나님의 영광을 위하여 살고 이스라엘을 블레셋의 학정에서 건져내야 할 사명을 가진 사람이 이 얼마나 부끄러운 모습인가. 그는 원수 블레셋의 조롱거리가 되어 있었다.

놋줄에 묶여 옥중에서 맷돌을 돌리려니 얼마나 힘이 들었겠는가. 소나 말이 돌려야 하는 맷돌을 하나님이 특별히 주신 힘을 잃어버린 보통 사람으로 돌리자니 견디기 힘들었을 것이다. 그러나 그로 하여금 그보다 더욱 힘들게 하는 것은 자신의 부끄러운 지난날의 삶이 아니었겠는가. 힘이 있을 때는 몰랐을 것이다. 그러나 힘을 빼앗기고 원수의 조롱거리가 되었을 때 비로소 회한과 참회가 그의 심령을 고통스럽게 짓눌렀을 것이다.

블레셋 사람들의 잔칫날이 돌아왔다. 그곳에는 3,000명 이상이 운집했다. 그들은 자기들이 섬기는 다곤신이 삼손을 붙잡아 주었다고 믿고 다곤을 찬송하며 기쁨의 제사를 드렸다. 그리고 마음이 한껏 즐거워지자 삼손을 불러다 재주를 부리게 하자고 제안을 했다. 삼손이 끌려 나왔고 블레셋의 귀빈들과 관중들 앞에서 그는 재주를 부려야 했다. 눈으로는 보이지 않지만 귀는 열렸으니 그들의 조롱과 환호소리가 들렸을 것이다. 그 소리들은 비수처럼 그의 가슴을 찌르고 통한의 눈물을 흘리게 했지 않았겠는가. 그 고통 중에서 삼손은 하나님께 간절한 기도를 올렸다.

"주 여호와여 구하옵나니 나를 생각하옵소서. 하나님이여 구하옵나니 이번만 나를 강하게 하사 나의 두 눈을 뺀 블레셋 사람에게 원수를 단번에 갚게 하옵소서!"(삿 16:28)

삼손의 용기는 바로 여기에 있다. 비록 그가 후회스런 삶을 살아 하나님의 영광을 가리었고 민족의 기대를 저버렸지만 그래서 좌절해야 마땅했지만 다시 한 번 하나님을 향해서 기도의 끈을 붙들 수 있었던 것은 용기다.

하나님은 그의 두 눈을 뺀 원수를 갚아주기 위해서 그의 기도를 응답하지는 않았을 것이다. 그를 통해서 이루고자 했던 뜻을 이루기 위해서, 그의 사명을 위해서 힘을 주셨을 것이다. 삼손은 자기 손을 붙든 소년에게 "나에게 이 집을 버틴 기둥을 찾아 그것을 의지하게 해 달라"고 부탁을 했다. 그리고 그 소년의 인도로 집을 버틴 두 기둥 사이로 가서 하나는 왼손으로 다른 하나는 오른손으로 껴 의지하고 굳은 결심을 표명했다. "블레셋 사람과 함께 죽기를 원하노라"(삿 16:30). 그는 오욕에 찬 인생을 더 연장하고 싶지 않았다. 마지막으로 하나님이 주신 사명을 감당하고 죽기를 원했다. 그는 양 기둥을 붙들고 있는 손에 힘을 가했다. 그리고 몸을 굽힐 때 그 견고한 집이 무너지기 시작했다.

하나님께서 그의 각오를 들으시고 그의 각오처럼 삼손에게 블레셋 사람들과 함께 장렬한 죽음을 맞게 해 주신 것이다. 성경은 삼손이 죽을 때 죽인 사람이 살았을 때 죽인 자보다 많았다고 기록해 놓고 있다. 하나님은 삼손이 뜬 눈으로 정욕에 어두워 범죄하는 것보다는 차라리 원수의 손으로라도 그 눈을 빼버림으로 영안을 열어 구원에 이르도록 하신 게 아닐까.

일찍이 주님께서 말씀하셨다. "만일 네 눈이 너를 범죄하게 하거든 빼어 내버리라. 한 눈으로 영생에 들어가는 것이 두 눈을 가지고 지옥 불에 던져지는 것보다 나으니라"(마 18:9). 과연 하나님은 당신이 쓰시고자 하실 때는 어떤 방법으로라도 사용하시는 분이요, 우리가 죽기를 각오하고 하나님을 감동시키면 언제, 어떤 환경에서도 승리할 수 있도록 도와주시는 분이셨다.

"그러므로 너희는 죄가 너희 죽을 몸을 지배하지 못하게 하여 몸의 사욕에 순종하지 말고 또한 너희 지체를 불의의 무기로 죄에게 내주지 말고 오직 너희 자신을 죽은 자 가운데서 다시 살아난 자 같이 하나님께 드리며 너희 지체를 의의 무기로 하나님께 드리라"(롬 6:12-13).

5. 나오미의 용기

사사시대(士師時代)였다. 유다 베들레헴에 살던 나오미는 흉년을 만나 고향을 떠나는 남편 엘리멜렉을 따라서 두 아들 말론과 기룐을 데리고 모압 지방으로 이주하여 살게 되었다.

그러나 그것은 구속사적으로 볼 때 불행을 자초한 일이었다. 가나안 땅은 하나님의 약속이 있는 땅이다. 그 땅에서 축복을 누리게 해주시겠다는 하나님의 약속을 믿었다면 그들은 어떤 시련이 있어도 그곳에서 인내하며 하나님의 뜻을 기다리고 적극적으로 하나님께 부르짖어야 했다. 그들이 위기를 극복하고 대처하기 위하여 하나님께서 주신 기업을 버리고 이방으로 이주하는 방법을 택한 것은 아무래도 도피 행각이요, 소극적인 태도였다.

아니나 다를까. 모압 지방에서의 그들의 삶은 평탄치 못했다. 먼저 가장인 엘리멜렉이 죽었다. 그리고 이어서 이방 여인들과 결혼한 두 아들조차 이곳에 이주한지 10년도 채 되지 않는 기간에 차례로 세상을 떠났다. 결국 단란했던 가정이 풍비박산이 되어 과부만 셋이 남았고 세상적인 소망도 끊어지게 되었다.

이렇게 되었을 때 나오미로서는 모압 땅에 계속 머물러야 하느냐, 아니면 고향으로 돌아가야 하느냐 하는 문제로 적잖은 고민을 했을 것이다. 이곳이 싫었을 것이다. 그렇다고 지금 고향을 찾아 간다 해도 금의환향이 아니지않는가. 재산을 탕진하고(룻 1:21) 남편과 두 아들을 잃은 처지를 고려할 때 나오미가 고향으로 돌아가겠다고 결단하기가 쉽지 않았을 것이다. 남편이 죽은 뒤에도 두 아들을 이곳 이방 여인들과 결혼시킨 것을 보면 그때까지만 해도 이곳에서 영주(永住)하려 했던 것이 아니겠는가.

그러나 나오미는 일어섰다. 이제는 모든 것을 정리하고 고향으로 돌아가겠다고 단안을 내린 것이다. 다행히 고향 베들레헴에 풍년이 들었다는 소문도 들려왔다.

그렇다. 뭔가 깨달음이 올 때 그 자리를 털고 일어설 수 있는 사람은 용기 있는 사람이다. 우리는 누구나 순간적으로 잘못된 생각을 할 수도 있고 실수를 자행할 수도 있다. 나오미의 가족이 약속의 땅을 버리고 모압 지방으로 이주한 것도, 하나님의 계명을 어기면서까지 이방 여인들과 두 아들을 혼인시킨 것도 분명히 과오였다(신 7:3, 신 23:3). 그러나 그 과오의 늪에서 자포자기하여 계속 머문 것이 아니라 늦게라도 일어섰을 때 그것은 용기였다. 깨달음이 왔을 때 일어선 그 시점은 아직 늦지 않은 것이다.

하나님은 나오미의 그 부끄러워하거나 낙심하지 않고 다시 시작하려는 용기를 가상히 여기셔서 말년에 일곱 아들보다 귀한 자부(子婦)인 룻(룻 4:15)의 효성을 받도록 하셨을 뿐 아니라 그 자부와 친족 중의 유력자인 보아스와 계대결혼(繼代結婚)을 성사시켜 오벳을 낳고 기업을 이을 수 있는 축복을 주셨다. 그리고 그 후손에서 다윗과 예수 그리스도도 태어나시게 하신 것이다.

> “내 영혼아 네가 어찌하여 낙심하며 어찌하여 내 속에서 불안해 하는가. 너는 하나님께 소망을 두라. 그가 나타나 도우심으로 말미암아 내 하나님을 여전히 찬송하리로다”(시 43:5).

6. 룻의 용기

룻은 원래 모압 여인이었다. 인연이 닿아서 기근을 피하여 유다 베들레헴에서 이곳 모압으로 이주하여 온 엘리멜렉 집안과 혼인을 하게 되었다. 이방 백성으로서 하나님의 선택된 백성과 혼인을 하게 되었으니 영적으로는 큰 축복이 아닐 수 없었다.

그러나 그것이 곧 슬픔으로 변할 줄을 누가 알았으랴. 시아버지 되는 엘리멜렉이 세상을 떠났고 이어서 남편인 말론(룻 4:10)과 역시 모압 여인 오르바와 결혼한 시동생 기룐이 혈육 하나 남기지 않고 세상을 떠난 것이다. 졸지에 엘리멜렉 집안은 남자가 없는 세 과부의 집안으로 변했고 순리적으로는 대(代)가 끊어진 소망 없는 집안이 되있다.

베들레헴에 하나님께서 양식을 주셨다는 소문도 들려오는데다 더 이상 모압 땅에 머물러 있어야할 필요성을 잃어버린 시어머니, 나오미는 고향인 베들레헴으로 돌아가기로 결단을 내렸고 두 과부 며느리인 룻과 오르바는 그 뒤를 따라야 했다.

얼마쯤 갔을까, 고향으로 돌아가는 도중에서 시어머니인 나오미의 마음에 변화가 왔다. 그것은 홀로 남은 며느리들의 처지를 측은히 여기는 자애로운 어머니의 마음이었다. 늙은 시어머니를 따라와 봤자 무슨 소망이 있겠는가. 봉양하느라 고생만 하느니 친정으로 돌아가 새 남편 만나서 행복하게 살도록 만들어주는 것이 시어머니로서의 마지막 배려라고 느꼈기 때문에 그녀는 며느리들의 동행을 거부했던 것이다.

이 설득에 오르바는 친정으로 돌아갔다. 이제는 룻의 차례다. 그런데 룻은 거절했다. 시어머니를 버려두고 자신만의 행복을 찾아 모압 땅으로 돌아가는 길을 택하지 않았다.

"룻이 이르되 내게 어머니를 떠나며 어머니를 따르지 말고 돌아가라 강권하지 마옵소서. 어머니께서 가시는 곳에 나도 가고 어머니께서 머무시는 곳에서 나도 머물겠나이다. 어머니의 백성이 나의 백성이 되고 어머니의 하나님이 나의 하나님이 되시리니 어머니께서 죽으시는 곳에서 나도 죽어 거기 묻힐 것이라. 만일 내가 죽는 일 외에 어머니를 떠나면 여호와께서 내게 벌을 내리시고 더 내리시기를 원하나이다 하는지라"(룻 1:16-17).

이 강경한 결심에 나오미는 더 이상 룻의 동행을 거절할 수 없었고 두 사람은 유다 베들레헴에 도착했다.

나오미의 두 며느리였던 룻과 오르바. 두 사람은 같은 모압 여인으로 유다 사람과 결혼했다는 공통점이 있다. 혈육을 얻지 못하고 남편을 먼저 보냄으로 동일한 처지가 된 것도 같았다. 적어도 두 여인은 시어머니를 따라 남편의 고향인 베들레헴으로 출발하는 데까지 같은 입장이었다.

그런데 두 사람은 베들레헴으로 올라가는 도중에서 갈라져야 했다. 그것은 곧 그들 두 사람의 운명의 갈림길이 되었다. 시어머니의 권고를 듣고 오르바는 고향인 모압으로 돌아갔고 룻은 굳이 시어머니를 따랐다. 과연 누가 더 현명한 판단을 내린 것인가?

룻은 비록 시어머니를 따른 것이 지금은 소망 없는 행동으로 보이지만 자신의 행복보다 홀로 남은 시어머니를 공경해야 하는 인륜(人倫)을 저버리지 않았고 더구나 시어머니가 섬기는 하나님을 떠날 수 없었다.

이것이 곧 룻의 진정한 용기가 아닐까? 얼마나 많은 사람들이 눈앞에 보이는 자신의 행복과 잠시 잠간의 유익을 위해서 보이지 않는 영원한 축복을 놓치고 있는가. 시어머니를 따라온 룻은 비록 낯선 땅이지만 그곳에서 이삭을 주워 시어머니를 공경했고 후에 친족 중에 유력자인 보아스를 만나 당시 제도와 도덕이 허용하는 계대결혼(繼代結婚)을 통하여 엘리멜렉 가(家)의 대를 잇는 아들을 낳았으니 그가 곧 오벳이요, 그는 다윗 왕의 할아버지가 되시는 분이다(룻 4:17).

인륜을 저버리지 않고 하나님을 떠나지 않았던 룻에 내려진 축복은 그것으로 그치지 않았나. 오랜 후에 그녀의 이름은 이방 여인임에도 당당히 예수님의 족보 속에 기록되는 영예를 얻지 않았는가(마 1:5).

> "자녀들아 주 안에서 너희 부모에게 순종하라 이것이 옳으니라. 네 아버지와 어머니를 공경하라 이것은 약속이 있는 첫 계명이니 이로써 네가 잘되고 땅에서 장수하리라"(엡 6:1-3).

7. 한나의 용기

자식을 낳지 못했을 때 아브라함의 아내 사라는 모르면 몰라도 처음에는 그것을 숙명으로 알고 체념하며 산 것 같다. 역시 자식을 낳지 못했을 때 야곱의 아내 라헬은 "내게 자식을 낳게 하라. 그렇지 아니하면 내가 죽겠노라"고 하면서 남편을 괴롭게 하였다(창 30:1). 라헬은 자신의 친언니이면서 동서가 되는 레아는 자식을 여럿 낳는데 비해 자신은 남편의 사랑을 더 받으면서도 태의 열매가 없자 그렇게 화풀이를 하기도 했던 것이다.

한나는 슬픈 여인이었다. 남편 엘가나의 사랑을 많이 받고 있었지만 자신에게는 자식이 없었다. 이미 남편의 다른 부인인 브닌나는 여러 자식을 낳았다. 이 사실만으로도 한나의 마음이 미묘해질 수밖에 없을 터인데 동서인 브닌나는 자식이 없는 여인이라고 그녀를 업신여기며 더욱 심적 고통을 가중시키는 게 아닌가.

그 괴로움 때문에 한나는 많이 울기도 했고 음식이 입에 들어가지 않아 굶기도 자주 했다. 이를 보고 엘가나는 위로를 했다. "어찌하여 울며, 어찌하여 먹지 아니하며, 어찌하여 그대의 마음이 슬프냐? 내가 그대에게 열 아들보다 낫지 아니하냐!"(삼상 1:8)

그러나 이 고마운 남편의 말도 한나에게는 진정한 위로가 되지 않았다. 오로지 자식을 얻고 싶을 뿐이었다. 이런 때는 어떻게 해야 하는가?

한나는 사라처럼 체념하지 않았다. 라헬처럼 남편을 괴롭게 하지 않았다. 자신을 괴롭히는 브닌나와 다투지도 않았다. 그는 조용히 하나님 앞에 나아가서 자신의 심정을 내려놓았다. 통곡하면서 서원의 기도로 도전을 시작했다.

"만군의 여호와여 만일 주의 여종의 고통을 돌보시고 나를 기억하사 주의 여종을 잊지 아니하시고 주의 여종에게 아들을 주시면 내가 그의 평생에 그를 여호와께 드리고 삭도를 그의 머리에 대지 아니하겠나이다"(삼상 1:11).

한나는 자신의 소원과 원통하고 분한 마음을 여호와께만 솔직히 털어놓았다. 이는 그가 자신의 억울함을 사람으로부터 해결 받을 수 없다는 것을 알았기 때문이었으리라.

과연 하나님은 그의 도전과 용기를 귀히 여기셔서 그에게 사무엘을 주시므로 소원을 이루어 주셨고 그가 젖을 떼자 서원한대로 그 아들을 여호와께 드렸을 때 세 아들과 두 딸을 더 주시는 복을 허락하셨다(삼상 2:21).

한나는 이처럼 자비와 위로가 풍성하신 여호와 하나님께 감사했다. 인간의 생사화복을 주장하시는 전능하신 하나님을 찬양했다.

"여호와는 죽이기도 하시고 살리기도 하시며 스올에 내리게도 하시고 거기에서 올리기도 하시는도다. 여호와는 가난하게도 하시고 부하게도 하시며 낮추기도 하시고 높이기도 하시는도다"(삼상 2:6-7).

한나가 지금 우리에게 교훈하는 것이 무엇이겠는가? 어떤 문제든 그것을 하나님께 가지고 나와서 담대하게 도전하라는 게 아닐까.

> "지금까지는 너희가 내 이름으로 아무 것도 구하지 아니하였으나 구하라 그리하면 받으리니 너희 기쁨이 충만하리라"(요 16:24).

> "자기 아들을 아끼지 아니하시고 우리 모든 사람을 위하여 내주신 이가 어찌 그 아들과 함께 모든 것을 우리에게 주시지 아니하겠느냐"(롬 8:32).

8. 사무엘의 용기

언제, 누구 앞에서나 하나님의 뜻을 소신껏 말할 수 있다면 그는 용기 있는 사람이 아닐까.

사울이 기름 부음을 받고 이스라엘의 초대 왕이 된지 얼마 되지 않아 블레셋과 불가피하게 전쟁을 치르게 되었을 때였다. 쳐들어온 블레셋의 군대는 병거가 3만이요, 마병이 6천이요, 보병은 해변의 모래만큼이나 많았다. 이에 비해 그들과 대항하여 싸워야 할 이스라엘의 군대는 수효에서도 그들에게 미치지 못할 뿐더러 무엇보다 사기가 떨어져 있었다. 전황이 위급하게 돌아감을 안 병사들은 굴과 수풀과 바위틈과 구덩이나 웅덩이 같은 곳으로 몸을 숨기기에 급급하였고 더러는 진영을 이탈하여 달아나기 시작하였다. 이런 상황에서 이스라엘이 블레셋을 이길 수 있는 길은 무엇인가. 인간의 능력으로는 길이 없었다. 있다면 오직 하나님의 은혜를 입는 길밖에 없는데 하나님께 제사를 드리기로 약속되었던 제사장 사무엘은 아직 도착도 하지 않고 있었다. 조급해진 사울왕은 이러다가는 하나님께 은혜를 구하기도 전에 패배할 것 같아 스스로 하나님께 번제를 드렸다. 그런데 막 번제를 드리고 나니까 사무엘이 도착하는 게 아닌가.

"왕이 행하신 것이 무엇이냐?"(삼상 13:11)

사무엘은 그가 일국의 제왕이지만 본분에 어긋난 일을 한 사울을 책망했다. 상황은 충분히 이해가 가지만 제사장이 아닌 왕이 제사를 드렸다는 것은 자신의 신분을 망각한 행위요, 나아가서 하나님을 신뢰하는 믿음이 결여된 행동이 아닌가. 사무엘은 이 일로 인해서 왕의 나라가 오래가지 못할 것을 선언했다(삼상 13:5-14). 신하로서 임금의 잘못을 지적하고 책망하기가 쉬울까.

그 뿐인가. 사무엘은 아말렉을 진멸하라는 명령을 어기고 전쟁에 이기자 양과 소의 가장 좋고, 기름지고, 어린것들을 남겨두고 이것은 백성들이 하나님께 제사 드리려 하여 남긴 것이라고 변명하는 사울 왕에게 "어찌하여 왕이 여호와의 목소리를 청종하지 아니하고 탈취하기에만 급하여 여호와께서 악하게 여기시는 일을 행하였나이까?"고 책망한 일도 있다(삼상 15:19). 그때도 사무엘은 "왕이 여호와의 말씀을 버렸으므로 여호와께서 왕을 버려 이스라엘 왕이 되지 못하게 하셨습니다."하고 선언했다(삼상 15:26).

여호와의 말씀이 희귀(稀貴)하여 이상(異像)이 흔히 보이지 않던 영적 어둠의 시절(삼상 3:1)에 기도하는 어머니 한나의 아들로 태어나 어려서부터 하나님께 바쳐졌던 사무엘. 그는 기도의 사람으로 하나님의 말씀을 온전하게 순종하였다.

하지만 하나님의 뜻으로 당신이 손수 그 머리에 기름 부어 세운 왕을 향하여 잘못을 책망해야할 때 그 마음이 어떠했겠는가. 지금은 한 나라의 세속적 권세를 쥐고 있는 왕을 책망하기가 쉬웠겠는가. 그러나 사무엘은 권력 앞에서 하나님의 뜻을 전함에 두려워하지 않았다. 인간적인 관계 때문에 주저하지도 않았다. 권력과 타협하거나 아부하지도, 주저하지도 않았고 인정에 약하여지지도 않았다.

그는 청렴결백했다. 사울을 왕으로 세우고 이제는 자신이 물러날 때가 되었을 때 그는 백성들을 모은 자리에서 이렇게 물었다.

"…보라. 나는 늙어 머리가 희어졌고 내 아들들도 너희와 함께 있느니라 내가 어려서부터 오늘까지 너희 앞에 출입하였거니와 내가 여기 있나니 여호와 앞과 그의 기름 부음을 받은 자 앞에서 내게 대하여 증언하라. 내가 누구의 소를 빼앗았느냐, 누구의 나귀를 빼앗았느냐, 누구를 속였느냐, 누구를 압제하였느냐, 내 눈을 흐리게 하는 뇌물을 누구의 손에서 받았느냐 그리하였으면 내가 그것을 너희에게 갚으리라 하니"(삼상 12:2-3).

이에 대하여 단 한 사람도 예외 없이 백성들은 그의 결백을 인정해 주었다. 권력을 남용하여 남을 압제하거나 그들의 재산을 빼앗지 않았다고 이구동성으로 그의 청렴함을 증언해 주었다. 언제, 누구 앞에서나 떳떳하고 당당할 수 있는 사람, 사무엘의 용기다.

> "여호와여, 주의 장막에 머무를 자 누구오며 주의 성산에 사는 자 누구오니이까. 정직하게 행하며 공의를 실천하며 그의 마음에 진실을 말하며"(시 15:1-2).

제4부

다윗의 용기

1. 다윗의 용기(1)

골리앗 앞에 선 다윗. 골리앗은 칼과 창으로 중무장을 한 백전노장(百戰老將)이요, 다윗은 아버지 이새의 목장에서 양을 치던 홍안의 소년으로 막대기와 물매를 들고 있다. 보편적인 평가를 할 때 이 두 사람의 싸움에서 다윗이 골리앗을 이길 것이라고 생각하기는 어렵다. 왜냐하면 우리의 상식에서는 막대기가 칼을 이기고, 소년이 어른을 이기고, 목장에서 양을 지킨 경험이 숱한 전쟁에 나가 한 번도 져 본 일이 없다고 하는 경험이나 명성을 이길 수 있다는 것을 허용하지 않기 때문이다. 그래서 다윗이 골리앗과 싸우겠다고 나선 이 행동은 계란으로 바위치기, 기껏해야 어린아이의 치기(稚氣)요, 무모한 만용(蠻勇) 쯤으로 보일 수 있다.

그러나 결과는 다윗이 골리앗을 쓰러트렸다. 소년이 어른을 이기고 물매가 칼을 이겼다. 우리의 상식은 다윗이 골리앗을 이길 수 없지만 현실은 다윗이 골리앗을 이겼다. 그래서 인간의 상식이란 때로 엄청난 오류를 범할 수 있음을 보여주고 있다.

싸움에는 무기도 중요하고, 전략도 중요하고, 경험도 중요하다. 그러나 가장 중요한 것은 싸움의 대상이 누군가 하는 것을 아는 것이다. 손자(孫子)의 병법(兵法)에도 적을 알고 나를 알면 백번 싸워 백번 이긴다고 했다지 않은가.

상대방이 정의(正義)를 들고 있으면 지체하지 말고 항복하는 것이 승리다. 사랑을 들고 있고, 진리(眞理)의 기치가 올라가 있으면 빨리 순복하는 것이 승리다. 그러나 상대가 불의의 편에 서 있고, 내가 진리와 정의와 사랑을 쥐고 있으면 나는 막대기로도 칼을 이길 수 있다. 내 편에 하나님이 계시면 돌멩이로도 핵무기를 이길 수 있다. 물론 처음에는 패배하는 것처럼 보일 수도 있다. 그러나 싸움은 언제나 결과에 있는 것이다. 대제사장이 로마의 권력과 결탁하여 예수를 십자가에 못 박았을 때는 승리한 것 같았지만 예수의 부활은 그들에게 참패를 가져다주었지 않은가.

다윗은 골리앗과 싸우러 가기 전에 불의와 싸우러 나갔다. 하나님을 대적하는 모리배와 싸운 것이다. 전쟁에 임한 다윗은 골리앗에게 외쳤다.

"너는 칼과 창과 단창으로 내게 나아오거니와 나는 만군의 여호와의 이름 곧 네가 모욕하는 이스라엘 군대의 하나님의 이름으로 네게 나아가노라"(삼상 17:45).

다윗의 승리는 바로 여기에 있었다. 그는 전쟁의 승패가 하나님의 손에 달렸고 하나님은 언제나 정의 편에서 싸워주신다는 것을 확신하고 있었던 것이다(삼상 17:47).

어리석은 자는 사람을 두려워하면서 하나님을 멸시하지만 참으로 용기 있는 사람은 하나님을 두려워할 뿐이다. 그는 비겁한 사람이 불의한 칼에 쉽게 타협하며 무릎을 꿇을 때 의연히 서서 하나님을 바라본다.

지금 우리의 사회와 현실에는 얼마나 많은 골리앗들이 도사리고 있는지 모른다. 각계각층, 도처에서 불의의 칼을 들고 서 있다. 그래서 지금은 다윗의 용기가 필요한 때이기도 하다. 내가 하나님 편에 서 있으면 막대기로도 칼을 이길 수 있다고 맞서는 다윗의 믿음과 용기가 그리운 때이다.

> "여호와는 내 편이시라 내가 두려워하지 아니하리니 사람이 내게 어찌할까"(시 118:6).

2. 다윗의 용기(2)

어떤 환경, 어떤 처지에서도 정의를 실천할 수 있다면 용기 있는 사람이 아닐까? 설령 나에게 유익을 주기 위한 행동이라 할지라도, 그 행동 자체가 정의를 저버린 일일 때 무조건 환영하는 것이 아니라 그 일에 상응하는 조치를 취할 수 있다면 그것은 분명 용기다. 다윗은 자신의 생명을 찾아 쫓아다니는 사울 왕을 피하는 도중에 오히려 사울 왕을 죽일 수 있는 결정적인 기회가 두 번이나 있었다. 그러나 죽이지 않았다. 엔게디 황무지 어느 굴에서 용변을 보러 들어온 사울 왕을 뒤에서 옷자락만 가만히 베었을 뿐이고(삼상 24:1-7) 십 황무지 하길라 산에 진을 치고 잠들어 있는 사울 왕의 진영에 들어가서 그의 머리맡에 놓여 있는 창과 물병만 가지고 나왔다(삼상 26:1-12).

여호와의 기름 부음을 받은 사람을 자신이 해하는 것은 하나님의 뜻이 아니라는 이유 때문이었다. 다윗은 자신이 사울 왕을 해하는 것은 사울을 왕으로 세우신 하나님의 권위에 도전하는 행위요, 결코 정의롭지 않은 행동임을 알았던 것이다.

다윗이 생명을 부지하기 위하여 블레셋에 망명하여 시글락에 있을 때 다윗의 생애에 변화를 줄 수 있는 소식이 들어왔다. 자신을 쫓던 사울 왕이 죽었다는 것이었다. 블레셋군과의 치열한 길보아 전투에서 그의 세 아들 요나단과 아비나답과 말기수아가 먼저 전사하고 자신도 적군의 활에 맞아 중상을 입자 자기 칼을 세워놓고 그 위에 엎드려 자살을 한 것이다(삼상 31:1-6). 이 소식을 들으면 기뻐하리라고 생각했던 아말렉 출신의 한 소년이 달려와 자신이 아직 목숨이 끊어지지 않은 사울 왕을 죽였노라고 다윗에게 고할 때 다윗은 오히려 그 소년을 처형하도록 했다(삼하 1:1-16, 4:10). 그가 전해준 소식이 다윗에게 더 이상 사울 왕으로부터 쫓겨 다니지 않아도 된다는 소식일지라도 그 소년의 행위 자체는 정의롭지 않았기 때문이었다.

사울 왕이 죽은 뒤 이스라엘은 잠시 혼란기에 접어들었다. 사울 왕의 군장이었던 아브넬은 사울 왕의 아들 이스보셋을 이스라엘 왕으로 옹립하였고(삼하 2:8-9), 다윗은 헤브론에서 유다 족속에 의하여 유다의 왕이 되었기 때문이다(삼하 2:4). 그리하여 사울의 가문과 다윗을 따르는 무리 사이에서는 수시로 충돌이 일어났다.

이러한 때에 이스라엘에서 왕으로 옹립된 이스보셋의 신영에 불상사가 발생했다. 바아나와 레갑이라는 이스보셋의 군장들이 자기들의 주인이며 왕인 이스보셋을 암살하고 그 머리를 베어 밤새도록 달려 헤브론의 다윗 왕에게 이르러 "왕의 생명을 해하려하던 원수, 사울의 아들 이스보셋의 머리가 여기 있나이다" 하고 바쳤던 것이다(삼하 4:7-8).

그들은 다윗이 사울 왕과 그 후손들을 원수로 여길 줄 알았고 그렇기 때문에 그 원수의 머리를 베어가지고 가면 환대를 받을 줄 알았으리라. 그런데 어떻게 되었는가? 다윗은 그들을 처형했다. 의인을 죽인 악인의 죄를 물었고 피 흘린 죄를 갚았다(삼하 4:9-12). 다윗은 저들이 자신에게 유리한 형국(形局)을 만들어주었다는 공로에만 사로잡히지 않았다. 그는 결코 소아(小我)에 사로잡혀 정의를 외면하는 소인배가 아니었다. 그들이 비록 자신을 위하여 도움을 주기 위한 행동을 했다 하더라도, 다시 말하면 자신의 왕권을 확립하고 통일된 나라를 세우는 데 공헌을 했다 하더라도 그들의 행위가 정의로운 방법이 아니었을 때 가차 없이 처단한 것이다.

다윗은 어떤 사건을 판단할 때 그것이 내게 유익한가 하는 그 여부로 하지 않았다. 하나님의 공의를 기준으로 판단했고 그래서 그의 판단은 객관적이었다. 과정은 묻지 않고 오직 나에게 유익이나 도움을 주려 했다면 무조건 잘한 일로 간주하고 받아들이는 사람이 많은 세상, 그래서 악행을 할지라도 내게 동조하면 옳은 사람으로 평가해 버리는 풍조가 횡행하는 때에 나에게 도움이 되든지, 아니 되든지 오직 하나님의 공의로 판단할 수 있다면 그것이 곧 용기 아니겠는가.

> "너희는 재판할 때에 불의를 행하지 말며 가난한 자의 편을 들지 말며 세력 있는 자라고 두둔하지 말고 공의로 사람을 재판할지며"(레 19:15).

3. 다윗의 용기(3)

정욕에 눈이 어두우면 죄를 지으면서도 죄인 줄 모를 수도 있고, 그 죄의 무게를 느끼지 못하여 심상치 않게 여길 수도 있다.

"다윗"하면 그는 훌륭한 정치가요, 군인이며, 위대한 시인이요, 예술가다. 그러나 그가 그 모든 재능을 가졌다 해도, 역시 그에게서 가장 크게 부각되는 이미지는 신실한 신앙인이라는 점이다. 그는 오직 하나님 중심의 사람이었다. 숱한 고난 중에도 하나님만 의지하며 그의 뜻을 져버리지 않으려고 무척이나 노력한 인물이다. 그러한 다윗의 중심을 아시는 하나님은 그를 "내 마음에 맞는 사람"이라고 평가하고 있다(행 13:22).

그러나 하나님께서 인정하는 그런 신실한 신앙인에게도 불명예가 붙어 다닌다. 충성스런 부하 장수인 '우리아'의 아내 밧세바를 범하고 그 죄악을 호도하기 위해서 우리아를 전쟁터 깊숙이 내보내어 억지로 전사시킨 사건, 적어도 이 사건은 그의 일생에 부끄러운 오점이요, 그의 신상에 옥의 티 역할을 하고 있다. 정욕에 눈이 어두우니 밧세바를 범할 수 있었고, 그것을 감추려다 보니 그의 남편 우리아를 죽일 수 있었다. 그러나 그 은밀한 범행을 하나님은 보고 계셨다. 하나님은 선지자 '나단'을 그에게 파송했다.

한 나라의 권세를 쥐고 있는 다윗 임금과 하나님의 선지자 나단, 눈먼 권력을 이용한다면 나단의 목은 열 개가 있어도 다윗의 칼 앞에 부족했을 것이다. 그러나 다윗은 자신의 죄를 드러내며 책망하는 나단 선지자 앞에서 비로소 "내가 여호와께 죄를 범하였노라"하고 고백을 하고 있다(삼하 12:13). 이때의 그의 모습은 천군만마를 호령하던 용기 있는 장군의 모습도, 권세 있는 왕의 모습도, 위대한 시인의 모습도 아니다. 한낱 초라한 죄인의 모습일 뿐이다.

그런데 이상하다. 그럼에도 불구하고 오늘 우리에게 그 초라하고 나약한 다윗의 모습이 결코 비굴하게 느껴지지 않는 이유는 무엇인가? "비겁한 놈!", "정욕에 눈이 먼 놈!"하면서 그의 면전에 침을 뱉어도 시원치 않을 터인데 이상하게도 우리의 정서에는 그가 용납되고 있다. 왜 그럴까?

어느 나라, 어느 시대에는 없으리까만 우리의 근대사에도 지울 수 없는 얼룩들이 수없이 많다. 이제는 역사의 뒤안길로 흘러간 사건들이지만 누가 왜 그 사건을 일으켰는가, 알 만한 사람들은 누구나 짐작하고 있다. 그런데 불행한 것은 그 사건을 일으킨 장본인은 나타나지 않는다는 데 있다. 절대로 우발적일 수 없는 엄청난 조직적 사건도 "내가 했습니다" 하고 솔직히 고백하는 사람이 없고 사건만 남아 있다. 뻔한 거짓말도 잘 한다. 용서하고 싶어도 용서받을 대상이 없고, 망각해 버리자니 다시 재발될까 우려되는 사건들이다.

다윗의 용기가 용납되는 이유는 여기에 있지 않겠는가? 죄를 지을 때는 몰랐다. 그것이 그렇게 악한 죄인 줄 몰랐다. 감출 수도 있을 것으로 순간 생각했다. 그러나 그것이 큰 죄라는 것을 알았고, 역사와 하나님 앞에서 감출 수 없다는 것을 알았을 때, 다윗은 상대가 자기의 신하였지만 그 앞에서 무릎을 꿇고 있다.

진정한 용기란 무엇인가? 칼을 높이 들어 죄를 지적하는 나단 선지자의 목을 자르는 것일까? 아니면 "내가 죄를 범했노라" 하고 진실한 모습으로 돌아가는 것일까?

탄식함으로 곤핍하여 밤마다 눈물로 침상을 띄우며 요를 적셔야 했던 다윗이여(시 6:6)! 이제 그만 눈물을 거두시라. 당신은 더 이상 죄인이 아니라고 하나님께서 인정하셨을 뿐 아니라 오늘을 사는 우리에게는 당신의 용기가 오히려 부둥켜안고 싶을 만큼 그리워지기 때문이다.

"자기의 죄를 숨기는 자는 형통하지 못하나 죄를 자복하고 버리는 자는 불쌍히 여김을 받으리라"(잠 28:13).

4. 다윗의 의리(義理)

세월이 아무리 흘러도, 환경이 어떻게 바뀌어도 약속한 바가 지켜진다면 멋있는 일이다. 그리고 그런 신의를 인정받을 수 있는 사람은 멋있는 사람이다.

다윗은 사울 왕에게 쫓겨 생명을 부지하기 위해서 블레셋으로 망명까지 하였고 그곳 시글락에 머물렀었다. 그는 거기서 충격적인 소식을 접하게 되는데 사울 왕이 블레셋과의 길보아산 전투에서 패하고 세 아들과 함께 전사했다는 것이었다.

생각에 따라서 다윗에게 사울 왕은 원수 같은 왕이었지만 그러나 다윗은 그의 죽음을 애도했다. 더구나 사울 왕의 아들이며 친구였던 요나단이 함께 죽었다는 것이 애석하여 슬픈 노래를 지어 두 사람의 죽음을 조상했다(삼하 1:17-27).

그 후 다윗은 자기의 처신할 바를 하나님께 물어서 헤브론으로 돌아왔다. 그러나 옛 사울 왕의 군장이었던 아브넬이 사울 왕의 아들인 이스보셋을 왕으로 옹립하는 바람에(삼하 2:8) 다윗은 헤브론에서 유다 족속의 왕으로 등극한 채 7년 반 동안 혼란기를 겪어야 했다(삼하 2:11, 5:5).

드디어 사울 왕의 아들 이스보셋이 부하들에게 암살을 당하고 (삼하 4:5~8) 다윗은 모든 백성이 환영하는 왕이 되어 예루살렘에 입성했다(삼하 5:9).

다윗은 왕권이 확립되고 나라가 안정을 찾자 중요한 두 가지를 계획하고 진행하는데 하나는 바알레유다에 방치되었던 법궤를 예루살렘으로 옮겨 오는 일이었고, 다른 하나는 사울의 가문에서 살아남은 유족을 찾는 일이었다(삼하 9:1).

다윗은 가까스로 멸문지화를 당한 사울의 가문에서 므비보셋을 찾아냈다. 그는 사울 왕의 손자요, 친구인 요나단의 아들이었다(삼하 9:6). 그는 양쪽 발이 모두 저는 불구자였다(삼하 9:13). 사울 왕과 요나단이 길보아 전투에서 전사했다는 소식을 들은 그의 유모가 그를 안고 도망하다가 실수로 떨어트려 다리를 절게 만든 것이다. 그때 그의 나이는 겨우 다섯 살이었다(삼하 4:4).

므비보셋은 다윗 왕의 부름을 받고 무너진 왕가의 자손으로서 두려움을 가졌던 것 같다(삼하 9:7). 그러나 다윗은 그를 안심시켰고 스스로 "죽은 개 같다"고 생각하던 므비보셋에게 은총을 베풀었다. 즉 예전에 사울 왕에게 속하였던 재산을 모두 다시 돌려주고 옛날 사울 왕을 섬겼던 시바라는 사람에게 명하여 므비보셋의 가문을 섬기며 돕도록 하였고 특별히 므비보셋에게는 다윗의 다른 왕자들처럼 왕의 상에서 같이 식사하도록 배려했다(삼하 9:1-13).

그렇다면 다윗이 사울의 가문에서 찾아낸 요나단의 아들 므비보셋에게 이러한 특별한 은총을 베푼 이유는 어디에 있는가? 다윗은 그 사실을 므비보셋에게 네 아비 요나단으로부터 받은 사랑과 예전에 두 사람이 맺었던 약속 때문임을 밝히고 있다(삼하 9:7).

그렇다. 다윗은 세월이 많이 흘렀고, 이제 신하의 위치에서 왕의 위치로 자신의 상황이 바뀌었지만 옛적의 은혜와 약속을 잊지 않았다. 사울 왕으로부터 아무 잘못도 없이 미움을 받아 쫓겨 다니는 자신에게 사울 왕의 아들이며 장차 세습이 된다면 차기 왕이 될 수 있는 위치의 요나단이 베풀어준 은혜를 잊을 수 없었던 것이다. 아버지 사울의 잘못을 지적하며 오히려 다윗을 옹호하고 변호하며 위기를 만날 때마다 정보를 제공하고 도피까지 시킨 친구 요나단을 어떻게 잊을 수 있었겠는가.

다윗을 죽이려하는 사울 왕 앞에서 서로가 서로를 자기 생명처럼 사랑했던(삼상 20:17) 다윗과 요나단. 두 사람은 어쩔 수 없이 헤어져야 했을 때 서로 입 맞추고 울면서 약속한 바가 있었다.

요나단이 다윗을 보내며 "평안히 가라. 우리 두 사람이 여호와의 이름으로 맹세하여 이르기를 여호와께서 영원히 나와 너 사이에 계시고 내 자손과 네 자손 사이에 계시리라 하였느니라"(삼상 20:42)고 했던 약속. 이 약속을 다윗은 잊지 않았던 것이다.

아무리 신중하게 맺은 약속일지라도 상황이 바뀌면 언제든지 헌신짝처럼 버릴 수 있는 세상에서 그 약속을 굳게 지키는 사람이 있다면 세상 물정을 모르는 어리석은 사람이라고 해야 할까? 후에 나에게 득이 되는가, 손해가 되는가, 따져봐서 유익이 없다 싶으면 언제든지 내가 언제 그랬냐 싶게 파기해 버릴 수 있어야 처세에 능한 사람일까? 다윗은 그렇지 못했다. 그래서 멋있는 사람이다.

"다윗이 이르되 사울의 집에 아직도 남은 사람이 있느냐 내가 요나단으로 말미암아 그 사람에게 은총을 베풀리라 하니라"(삼하 9:1).

5. 다윗의 처신

구약 사무엘하 12장 15절 하반에서 성경은 이렇게 말씀하고 있다. "우리아의 아내가 다윗에게 낳은 아이를 여호와께서 치시매 심히 앓는지라."

주의를 기울여서 읽어야 할 대목이다. 아는 사람은 다 아는 이야기지만 우리아는 헷 출신으로 다윗 왕의 충성스런 신하요, 용맹스런 군인이었고, 그의 처는 밧세바다. 당연히 밧세바가 아이를 낳았다면 우리아의 아이를 낳았어야 할 터인데 다윗에게서 낳았다고 기술하고 있다. 다윗과 우리아의 처 밧세바와의 부적절한 관계를 여지없이 폭로하고 있지 않는가?

우리아가 전쟁터로 나간 사이에 그의 처가 목욕하는 장면을 목격하고 그를 데려다가 동침했고 임신이 되자 이를 은폐하기 위하여 끝내는 우리아를 죽이기까지 한 다윗. 그가 우리아를 극렬한 전쟁에 내보내 고의적으로 전사시키고 그 후에 공개적으로 밧세바를 맞아들여 부인을 삼았지만 그때까지 하나님은 밧세바를 다윗의 처로 인정해 주지 않았던 것이다.

그렇다. 하나님은 다윗을 사랑하셨지만 그의 부도덕한 행위까지 감싸주지는 않았다. 아니 하나님은 다윗을 사랑했기 때문에 그런 허물을 오히려 드러내놓고 징계하면서 모든 사람에게 경계를 삼고 있는 것이다.

다윗과 밧세바의 불륜의 씨가 탄생되었다. 그러나 하나님은 그 씨를 죽이기로 작정했기에 태어나면서부터 이 아이는 앓기 시작했다. 다윗은 이 어린 것을 위하여 식음을 전폐하고 밤새 땅에 엎드려 하나님께 간구했다. 신하들이 음식을 권하여도 듣지 않고 그는 하나님께 매달렸다. 그럼에도 불구하고 이 아이는 이레 만에 회생하지 못하고 죽었다. 걱정이 된 것은 신하들이었다. 아이가 앓는다고 식음을 전폐하고 고통스러워했는데 아이가 죽었다고 하면 얼마나 상심하실까.

신하들이 아이의 죽은 사실을 아뢰지 못하고 전전긍긍하는 것을 보고 낌새를 눈치 챈 다윗은 신하들을 불러 아이의 죽은 것을 확인한 다음 땅에서 일어나 오히려 목욕을 하고 기름을 바르고 의복을 갈아입었다. 그리고 여호와의 전에 들어가 경배한 다음 왕궁으로 돌아와 음식을 들었다. 마치 아무 일도 없었다는 듯이 처신했나.

다윗은 "아이가 살았을 때는 그를 위하여 금식하고 우시더니 죽은 후에는 일어나서 잡수시니 이 일이 어찌됨이니이까?"하고 묻는 신하들에게 "아이가 살았을 때에 내가 금식하고 운 것은 혹시 여호와께서 나를 불쌍히 여기사 아이를 살려주실는지 누가 알까 생각함이거니와 지금은 죽었으니 내가 어찌 금식하랴. 내가 다시 돌아오게 할 수 있느냐? 나는 그에게로 가려니와 그는 내게로 돌아오지 아니하리라"고 했다(삼하 12:15-23).

다윗은 비록 자신의 불륜으로 이루어진 사건이지만 역시 그 모든 일의 결말은 하나님의 주권 아래 있음을 알고 있었다. 그는 자신의 위치를 알았다. 그러므로 이러한 때에 자신이 어떻게 처신해야 할 것을 알았다. 자신의 한계 안에서는 최선을 다하지만 한계 밖에서 일어나는 일에 대해서는 하나님께 맡기고 과감히 순복할 수 있었다.

그러한 다윗에게 하나님은 위로를 주셨다. 후에 밧세바를 다윗의 처로 인정해 주시고 그에게서 여호와의 사랑을 입는 솔로몬을 낳게 하신 것이다(삼하 12:24-25).

과연 하나님은 불의와 불법에 대해서는 단호하게 징계하시지만 그 잘못을 뉘우치고 긍휼을 입기 원하는 사람에게는 위로를 베푸시는 분이셨다.

> "자기의 죄를 숨기는 자는 형통하지 못하나 죄를 자복하고 버리는 자는 불쌍히 여김을 받으리라"(잠 28:13).

6. 다윗의 도량(度量)

다윗이 자신의 아들 압살롬의 반역으로 왕궁을 버리고 정처 없이 파천(播遷)의 길을 떠날 때 그 마음이 얼마나 비참했을까. 그런 그의 마음을 더욱 고통스럽게 한 인물이 있었다.

바후림이라는 곳에 이르렀는데 시므이라고 하는 베냐민 자손이요, 옛 사울 왕의 친속이 쫓겨 가는 다윗과 그 일행을 향하여 돌을 던지며 저주를 퍼붓는 것이었다.

"피를 흘린 자여 사악한 자여 가거라 가거라 사울의 족속의 모든 피를 여호와께서 네게로 돌리셨도다. 그를 이어서 네가 왕이 되었으나 여호와께서 나라를 네 아들 압살롬의 손에 넘기셨도다. 보라, 너는 피를 흘린 자이므로 화를 자초하였느니라"(삼하 16:7-8).

시므이는 다윗이 사울 왕가에 행한 범죄 때문에 하나님의 징계로 왕위를 자식에게 빼앗기게 되었다고 산비탈을 따라가면서까지 저주하는 일을 그치지 않았다.

생각하면 피가 끓고 분통이 터질 일이었다. 한 나라의 왕이 부득이하게 도피하고 있는데, 그것도 자기가 낳은 자식에게 쫓기는 창피를 당하고 있는데 이런 저주를 할 수 있는가. 당장 부하를 시켜 죽이라고 명령할 수도 있는 상황이었다. 그러나 다윗은 그에 대하여 아무런 대꾸도 하지 않았다. 오히려 곁에서 보좌하던 군장 아비새가 분노하며 "이 죽은 개가 어찌 내 주 왕을 저주하리이까?"하면서 건너가서 그의 머리를 베겠다고 했을 때 그러지 못하도록 말렸다.

다윗은 지금 시므이가 자신을 저주하는 것도 하나님이 허락하심이고, 자신이 아들에게 쫓겨나게 된 이 불상사도 지난날 하나님 앞에서 범죄 한 자신의 잘못 때문임을 인식하고 있었다. 충성스런 부하 장수였던 우리아의 아내를 범하고 그것을 은폐하기 위하여 우리아까지 죽였던 실수를 어찌 잊을 수 있었겠는가. 하나님은 이미 나단 선지자를 다윗에게 파송하여 책망한 다음 그가 회개함으로 생명은 살려주지만 칼이 네 집에 영원토록 떠나지 않을 뿐 아니라 네 집에 재앙을 일으키게 될 것이라는 예언을 전하도록 했지 않은가(삼하 12:10-11).

다윗은 말했다. "내 몸에서 난 아들도 내 생명을 해하려 하거든 하물며 이 베냐민 사람이랴. 여호와께서 그에게 명령하신 것이니 그가 저주하게 버려두라. 혹시 여호와께서 나의 원통함을 감찰하시리니 오늘 그 저주 때문에 여호와께서 선으로 내게 갚아 주시리라"(삼하 16:11-12).

다윗은 자신이 받아야 할 모욕과 저주를 회피하지 않았고 하나님께서 허락한 징계라면 그 징계에서 풀려나는 것도 인간의 노력으로가 아니라 오직 하나님의 긍휼을 입는 길밖에 없음을 알고 있었다.

그 후 다윗은 에브라임 수풀에서 압살롬과의 싸움을 승리로 이끌고 예루살렘으로 환궁하던 길에서 또다시 시므이를 만나게 된다. 이번에는 목숨을 부지하기 위하여 도망치는 길이 아니라 자식을 잃은 아픔은 있지만 그래도 승리하고 돌아오는 길이었다. 시므이는 요단을 건너려하는 다윗에게 엎드려 용서를 빌었다.

"내 주여 원하건대 내게 죄를 돌리지 마옵소서. 내 주 왕께서 예루살렘에서 나오시던 날에 종의 패역한 일을 기억하지 마시오며 왕의 마음에 두지 마옵소서. 왕의 종 내가 범죄한 줄 아옵기에 오늘 요셉의 온 족속 중 내가 먼저 내려와서 내 주 왕을 영접하나이다"(삼하 19:19-20).

시므이는 분명히 자신의 잘못을 뉘우치며 용서를 빌었다. 그러나 그럼에도 불구하고 우리들의 눈으로는 그가 시류에 야합할 줄 아는 간사한 사람의 모습으로 비쳐지는 이유는 뭘까? 다윗도 시므이의 그런 태도를 모를 리 없었겠지만(왕상 2:8-9) 왕을 저주한 자를 죽여야 마땅치 않겠느냐고 묻는 군장 아비새에게 이번에도 죽이지 말 것을 명령하고 그 이유를 이제 비로소 자신이 온 이스라엘의 왕이 된 것 같은데 이런 날에 이스라엘에서 사람이 저형을 받아서야 되겠느냐고 했다(삼하 19:21-23).

냉정히 자신을 돌아볼 줄 알고 겸손히 하나님의 뜻을 헤아릴 수만 있다면 누구나 쉽게 칼을 뺄 수는 없으리라. 다윗은 넉넉한 도량의 사람이었다.

"노하기를 더디 하는 것이 사람의 슬기요 허물을 용서하는 것이 자기의 영광이니라"(잠 19:11).

7. 우리아의 용기

헷 출신 우리아는 다윗 왕의 충성스런 군인으로 30인 특별부대의 용사 중 한 사람이었다(삼하 23:39). 그러나 그가 충성스러웠기 때문에 오히려 다윗으로부터 죽임을 당하는 비운의 사람이 됐다면 이 얼마나 아이러니한 일인가.

우리아는 오랜 세월을 전쟁터에서 보내야 했기 때문에 가족과의 관계는 두절하고 살 수밖에 없었다. 그러니 암몬과 싸우는 요압 사령관 휘하에서 용맹을 떨치고 있는 사이, 집에서는 자신의 처 밧세바가 다윗 왕에 의하여 농락을 당하고 있다는 사실을 알 리 없었다.

어느 날 서녁 무렵 다윗은 왕궁 옥상에 올라 거닐다가 이웃집 여인이 목욕하는 것을 보고 사람을 시켜 그의 신분을 확인했다. 그리고 그가 자신의 충성스런 부하이며 지금 전장에 나가있는 우리아의 부인인 것을 알면서도 데려다가 동침을 했다.

다윗 왕은 후에 그 여인으로부터 임신을 했다는 소식을 듣고 이를 감추기 위해서 전방에서 전쟁 중에 있는 요압 장군에게 연락하여 우리아에게 특별 휴가를 주도록 했다. 뜻밖의 휴가를 얻어 돌아온 우리아에게 다윗은 요압 장군의 안부와 전황을 물은 뒤에 융숭한 대접과 함께 집에 가서 쉬도록 조치를 하였다. 이는 물론 밧세바의 임신을 우리아의 정상적인 관계에서 이루어진 일로 속이기 위한 야비한 술책이었다.

그러나 우리아는 그 밤에 자기 집으로 가지 않고 왕궁 문간에서 왕의 신복들과 잤다. 이튿날은 술을 취하게 만들어 집으로 들어가도록 했다. 술김에는 집으로 들어가리라 생각했기 때문이었다. 그러나 우리아는 술에 취해서도 집으로 들어가지 않았다. 그토록 오래 떨어져 살았던 사랑하는 부인이 있는 집으로 그는 들어가지 않았다.

그는 내가 모시는 요압 장군을 비롯하여 많은 병사들이 지금도 전쟁터에서 고생하고 있는데 나 혼자 집으로 들어가서 먹고 마시며 편한 잠자리를 해서는 안 된다고 생각한 것이었다. 진실로 그는 다윗의 충성스런 신하였다.

모든 계획이 뜻대로 이루어지지 않자 다윗은 할 수 없이 요압 장군에게 편지를 써서 귀대하는 우리아의 손에 맡겼다. 그 편지가 요압에게 전해지고 얼마 지나지 않아 우리아는 전쟁터에서 전사했다. 적진에 깊숙이 공격해 들어갔다가 우리아만 남겨두고 부대가 갑자기 후퇴하는 바람에 성 위에서 쏘아대는 화살을 피할 수 없어 병사 몇 명과 함께 우리아는 그렇게 죽었다. 우리아는 자기 손으로 들고 가 요압 장군에게 전해준 다윗 왕의 편지에 "너희가 우리아를 맹렬한 싸움에 앞세워두고 너희는 물러가서 저를 맞아 죽게 하라"는 내용이 들어있는 줄 몰랐던 것이다.

바보같은 우리아. 어리석은 우리아. 우직한 우리아. 충성했기 때문에 오히려 억울한 죽음을 당해야 했던 우리아. 똑똑한 사람 많고, 지혜로운 사람 많고, 영악하여 잘 따지고 헤아림이 분명한 사람들이 많은 세상에 당신은 어찌 그리 우직하고 어리석었는가. 오직 충성해야 한다는 일념 때문에 억울하게 비명횡사(非命橫死)한 그대를 두고 그대의 처 밧세바는 호곡하였고 다윗은 뻔뻔스럽게 그대의 장례를 마친 뒤에 드러내놓고 그대의 처를 궁으로 데려다 자기 아내로 삼았다네.

억울한 일이었다. 믿고 충성을 다 바쳤던 임금이 그렇게 비열하고 야비한 사람이었다는 것을 생전에 알았다면 우리아는 얼마나 실망했을까. 그러나 우리아는 그 사실을 모르고 죽었다. 하나님도 그 소위가 악했다고 평가했다(삼하 11:27).

세월이 지금은 많이 흘렀다. 우리아는 오고 오는 역사 속에 명멸한 인물 중의 하나일 뿐이다. 그러나 역사는 그를 어떻게 평가할까. 우리아는 우직하게 충성하다가 죽은 어리석은 사람이라고 하는 사람도 물론 있을 것이다. 그러나 대다수의 사람들은 우리 사회에도 이런 우리아와 같은 사람이 필요하다고 하지 않을까.

"그리고 맡은 자들에게 구할 것은 충성이니라"(고전 4:2).

8. 나단의 용기

다윗 왕과 그의 신하 나단이 마주 앉았다. 하나님께서 사명을 맡겨 선지자 나단을 다윗에게 보내셨기 때문이다. 나단이 얘기를 시작했다.

"어느 성(城)에 두 사람이 살았는데 한 사람은 부유했고, 다른 한 사람은 가난했습니다. 부자는 소와 양을 많이 가지고 있었지만, 가난한 사람은 겨우 암양 새끼 한 마리뿐이었습니다. 그러나 그 가난한 사람은 그 암양을 자기 딸처럼 아껴 같이 기거하며 함께 먹을 것을 나누어 먹었습니다. 그러던 어느 날이었습니다. 그 부자의 집에 손님이 찾아왔습니다. 그 부자는 당연히 자기의 많은 짐승 중에서 하나를 잡아 손님을 대접해야 했습니다. 그럼에도 그 부자는 자기의 것이 아까워서 가난한 사람이 애지중지하는 단 한 마리뿐인 암양을 빼앗아다가 그 손님을 대접했습니다."

다윗은 더 이상 얘기를 들을 필요도 없이 누가 왜 악한 것인가를 알았다. 그는 옳고 그름과 선악을 분별할 수 있는 사람이요, 지금 분별한대로 의롭고 선한 사람에게 상을 내리고 악하고 불의한 사람은 징계할 수 있는 위치에 있는 왕이다. 그는 얘기 속에 나오는 부자를 보고 세상에 이처럼 악한 사람이 있을까 해서 분노했고 그 악한 사람은 죽어 마땅한 사람이며 빼앗아 간 양을 4배로 갚아 주어야 할 것이라고 판단했다(삼하 12:5-6).

그는 남의 죄악성에 대해서 민감하게 반응하며 정확하게 판단했다. 그런데 왜 자신의 잘못에 대해서는 그처럼 둔했을까? 죄에게 점령을 당하면 양심 기능이 마비되어 자신의 죄에 대해서는 관대하고 무감각해지는 것이다. 나단은 이때다 싶게 정확한 기회를 포착하여 다윗의 죄악상을 폭로했다.

"당신이 바로 그 사람입니다. 하나님께서 당신을 왕으로 세우기 위해서 사울의 손에서 건져 주시고, 모든 필요한 것을 풍족하게 주셨고, 또 그것이 부족한 것 같으면 무엇이든 더 주셨을 것인데 당신은 악하게도 우리아의 아내를 범하고 그 사실을 은폐하기 위해서 우리아마저 전쟁터에 내보내 죽였습니다."

비로소 다윗은 양심의 눈을 떴다. 아무도 모르리라 여겼던 자신의 범죄 상황을 하나님은 불꽃같은 눈으로 보고 계셨던 것이다. 그는 자복했다.

"내가 여호와께 죄를 범하였노라"(삼하 12:13).

나단은 하나님의 명령을 받고 다윗에게 갔다. 그리고 전하라는 말씀을 전했다. 그러나 다윗이 누구이고 전하라는 내용이 무엇인지 알면서 그 명령에 순종하기가 쉬었을까? 한 나라의 권세를 쥐고 마음먹기에 따라 무슨 행동이라도 할 수 있는 사람에게 그의 죄를 책망하는 일이 쉬운 일이었겠는가?

그래서 나단은 용기 있는 사람이다. 그러나 같은 목적을 가지고 갔더라도 "당신은 죄인입니다"하고 다윗의 죄상부터 폭로하고 나중에 그 죄의 성격을 비유를 들어서 설명하려 했더라면 과연 어떤 결과가 왔을까?

용기는 무모한 만용이 아니다. 저돌적인 공격도 아니다. 어리석어도 된다는 것은 더욱 아니다. 나단은 용기 있는 사람이었고 또한 지혜로운 사람이었다. 참다운 용기란 지혜를 동반하는 게 아닐까.

> "지혜가 너를 선한 자의 길로 행하게 하며 또 의인의 길을 지키게 하리니 대저 정직한 자는 땅에 거하며 완전한 자는 땅에 남아 있으리라"(잠 2:20-21).

9. 바르실래의 용기

똑같은 선물도 언제 받느냐에 따라 그 감동이 다르다. 똑같은 음식이라도 배가 고플 때와 배가 부를 때에 그 가치는 다르다. 곤경에 처했을 때 따뜻한 말 한 마디가 위로가 되고 굶주릴 때 밥 한 그릇이 힘이 되는 것이다.

다윗 왕이 압살롬에게 쫓겨 궁중을 버리고 몽진(蒙塵)할 때 그 마음은 어떠했을까. 남도 아닌 자기가 낳은 자식이 반란을 일으켜 생명을 구하기 위하여 쫓겨 갈 때 다윗은 비참했다. 사람들은 이제 다윗의 시대가 끝난 줄로 알고 압살롬에게 붙었다.

그러나 모든 사람이 다 그런 것은 아니다. 다윗의 신앙과 인품을 이히 아는 사람들은 여전히 다윗을 사랑하며 그를 좇고 도왔다. 그런 사람들 중에 길르앗 사람 바르실래가 있었다. 그는 다윗이 피난 도중 마하나임에 이르렀을 때 생활도구와 음식을 가지고 와서 다윗과 그 일행들에게 대접했다(삼하 17:27-29). 그는 이미 나이가 많았지만 부자였다. 그러나 그가 부자였기 때문에 다윗을 대접한 것은 아니었다. 아무리 부자라 할지라도 아들에게 쫓겨가는 다윗에게 함부로 음식을 대접했다가 잘못되면 화를 당할 수도 있는 것이다. 당시는 미래가 불투명한 난세가 아닌가. 만약 그가 시류를 따라 사는 사람이었더라면 눈치를 보며 함부로 행동치 않고 세상 돌아가는 바를 관망하고 있었을 것이다.

그러나 바르실래는 곤궁에 처한 다윗을 솔선해서 도왔다. 비록 지금은 쫓겨 가는 비참한 신세지만 그가 하나님의 기름부음 받은 왕임을 믿을 때 바르실래는 소신껏 그를 도울 수 있었을 것이다. 그래서 용기는 지혜와 분별력을 필요로 하는 것이 아니겠는가.

과연 하나님의 정의가 살아있어서 반역자 압살롬은 전사하고 다윗은 피난길에서 돌이켜 환궁을 하게 되었다. 왕이 요단을 건너게 될 때 예의 그 길르앗 사람 바르실래는 이번에도 왕을 도우러 늙은 몸을 이끌고 요단까지 나왔다.

다윗 왕이 바르실래를 만났을 때 얼마나 감격스러웠겠는가. 지난 날 곤경에 처했을 때 입은 은혜를 어찌 잊을 수 있었겠는가. 다윗은 바르실래에게 말했다. "너는 나와 함께 건너가자. 예루살렘에서 내가 너를 공궤하리라"(삼하 19:33).

쫓겨 가는 왕이 아니라 왕궁으로 돌아가는 왕이 같이 가자는 것이다. 따라가면 어떤 대접이 있을 것인지 바르실래도 모를 리 없다. 그럼에도 그의 반응은 무엇이었는가?

"내 생명의 날이 얼마나 있사옵겠기에 어찌 왕과 함께 예루살렘으로 올라가리이까. 내 나이가 이제 80세라 어떻게 좋고 흉한 것을 분간할 수 있사오며 음식의 맛을 알 수 있사오리이까. 이 종이 어떻게 다시 노래하는 남자나 여인의 소리를 알아들을 수 있사오리이까. 어찌하여 종이 내 주 왕께 아직도 누(累)를 끼치리이까.

당신의 종은 왕을 모시고 요단을 건너려는 것뿐이거늘 왕께서 어찌하여 이같은 상(賞)으로 내게 갚으려 하시나이까. 청하건대 종을 돌려보내옵소서. 내가 내 고향 부모의 묘 곁에서 죽으려 하나이다…"(삼하 19:34-37).

바르실래는 노욕(老慾)을 절제할 수 있는 사람이었다. 지금 왕을 따라가면 어떤 대우를 받을 것이다, 하는 것을 생각하기보다는 왕의 정사에 누(累)가 될 것을 염려한 사람이다. 그는 자신의 처지를 바로 알고 자족하는 사람이었다. 자신이 마땅히 하여야할 도리를 다한 것으로 족할 줄 알았고 출입의 때를 알뿐 아니라 앉아야 할 자리와 일어서야 할 자리를 구별할 줄 아는 사람이었다. 그리고 자신의 여생을 어떻게 하여야 잘 정리할 수 있는가를 아는 사람이었다. 아, 오늘날 우리 사회에는 이처럼 용기 있는 사람이 얼마나 있을까?

다윗은 그렇지만 바르실래의 은혜를 잊지 못해 그의 아들 '김함' 을 데리고 예루살렘 궁으로 돌아왔고 후에 세상을 떠날 때에도 후계자 솔로몬에게 바르실래의 아들들에게 후대해줄 것을 유언으로 넘겼다(왕상 2:7).

"내가 궁핍하므로 말하는 것이 아니니라. 어떠한 형편에든지 나는 자족하기를 배웠노니"(빌 4:11).

10. 요나단의 용기

아버지와 친구 사이에서 고통스러웠던 사람, 요나단은 이스라엘의 초대 왕 사울의 장남(長男)이요, 다윗의 친구였다.

요나단 부자(父子)가 다윗과 구체적인 관계를 맺기 시작한 것은 다윗이 블레셋의 장수 골리앗을 죽인 이후부터였다. 골리앗을 앞세우고 쳐들어온 블레셋을 대적할 힘이 없어 이스라엘이 지리멸렬(支離滅裂)하고 있을 때 마침 아버지 이새의 심부름으로 전장(戰場)에 나왔던 다윗이 물매로 적장 골리앗을 쓰러뜨렸던 것이다.

그 이후 사울 왕과 그의 아들 요나단은 다윗에 대한 감정이 달라졌다. 불순종함으로 하나님께 버림받은 사울은 백성들로부터 인기가 높아가는 다윗을 주목하고 악신의 영향권 아래서 그를 시기하여 죽이려한 반면, 그의 아들 요나단은 오히려 다윗을 자기 생명처럼 사랑하여 그와 친구의 언약을 맺었다(삼상 18:1-11).

사울 왕은 자신이 다윗을 죽여야 하는 당위성을 요나단에게 이렇게 설명했다.

"이새의 아들이 땅에 사는 동안은 너와 네 나라가 든든히 서지 못하리라"(삼상 20:31).

그는 요나단이 자신의 뒤를 이어 왕위에 오르기를 원했고 왕권이 다윗에게로 넘어가는 것을 두려워했다. 사실 사울의 소원이 아니더라도 요나단은 그 나름대로 장차 이스라엘의 왕이 될 수 있는 자격을 갖추고 있었다.

그는 믹마스에서 블레셋과 싸울 때 "여호와의 구원은 사람이 많고 적음에 달리지 않았다."는(삼상 14:6) 확신을 가지고 무기를 든 자 한 명만 데리고 적진으로 뛰어들어 대적을 물리치고 승리한 바 있다. 그는 하나님을 의지하는 신앙심도 깊었고 용기도 있었다. 그 용맹스러움이야말로 고대국가의 왕이 갖추어야할 자격이 아닌가.

그는 인기가 올라가는 다윗을 경쟁자로 보지 않고 끝까지 친구로서 우정을 지킬 수 있었던 도덕적이고 인격적인 인물이기도 했다. 그러나 무엇보다도 사울 왕의 장남이라는 신분은 왕권이 세습되고 세습 순서가 장자를 원칙으로 하는 고대 관습에 의할 때 사울 왕의 후계자로 부합했다.

그런데 정작 요나단 본인은 이에 대하여 어떻게 생각했는가? 그는 다윗이 이스라엘의 왕이 될 때 그 다음이 되기를 원했다(삼상 23:17). 그러므로 자기 생명을 아끼지 않고 블레셋 사람과 싸워서 나라를 건졌고 결코 왕에게도 죄를 지은 일이 없는 다윗을 죽이려 하는 아버지에게 부당한 처사라고 항의도 했다(삼상 19:4-5). 심히 노하여 금식하며 슬퍼하기도 했다(삼상 20:33-34). 그러나 자신의 힘으로 다윗을 보호할 수 없는 처지에서 그는 다윗을 여러 번 안전한 곳으로 피신시켰고(삼상 19:2) 나중에는 눈물로 서로의 평안을 빌며 헤어질 수밖에 없었다(삼상 20:41-42). 그 헤어지는 자리에서 요나단은 다윗에게 말했다.

"평안히 가라. 우리 두 사람이 여호와의 이름으로 맹세하여 이르기를 여호와께서 영원히 나와 너 사이에 계시고 내 자손과 네 자손 사이에 계시리라 하였느니라"(삼상 20:42).

아버지를 계승하여 왕위에 오른다 해도 조금의 손색이 없는 자격을 갖추었으면서도 친구 다음의 자리에 있기를 원했던 요나단. 그는 비록 자기 아버지의 뜻이라 할지라도 옳지 않았을 때는 과감히 거부했다. 어떻게 하든 왕위에 오르면 승리자라는 생각으로 아버지가 후원하는 바를 따라 탐내지 않았다.

그러나 불행스럽게도 그는 친구 다윗이 왕위에 오르고 자신이 그의 신하로서 제 2인자가 되기 원했던 꿈을 이루지 못하고 블레셋과의 길보아산 전투에서 전사했다. 그 전투는 너무나 치열했기에 동생인 아비나답과 말기수아도 함께 전사했으며 부왕 사울도 그 전투에서 죽었다(삼상 31:1-6).

후에 이 소식을 전해들은 다윗은 "활 노래"를 지어서 사울과 요나단 부자(父子)의 전사(戰死)를 애도했고(삼하 1:19-27) 특별히 다윗은 이 노래에서 요나단에 대하여 이렇게 추모했다.

"내 형 요나단이여! 내가 그대를 애통함은 그대는 내게 심히 아름다움이라. 그대가 나를 사랑함이 기이하여 여인의 사랑보다 더 하였도다"(삼하 1:26).

"네 친구와 네 아비의 친구를 버리지 말며 네 환난 날에 형제의 집에 들어가지 말지어다. 가까운 이웃이 먼 형제보다 나으니라" (잠 27:10).

제5부

엘리야의 용기

1. 아사 왕의 용기

용기 있는 신앙인은 자기의 힘이나 능력을 의지하지 않는다. 전능하신 하나님을 의지하고 그분에게 일의 성패를 맡긴다. 만약에 모세가 애굽의 바로에게 나아갈 때 자기의 능력을 믿고 나갔다면 그는 교만한 사람은 되었을지 모르지만 신앙적인 사람은 될 수 없었을 것이다. 다윗이 골리앗과 싸우러 나아갈 때 "너는 칼과 창과 단창으로 내게 나아오거니와 나는 만군의 여호와의 이름 곧 네가 모욕하는 이스라엘 군대의 하나님의 이름으로 네게 나아가노라"(삼상 17:45) 하는 고백을 할 수 있었기 때문에 용기 있는 사람이 된 것이다. 용기 있는 신앙인들은 이처럼 한결같이 하나님을 의지했다. 재주가 많았던 바울 사도가 자기의 재주나 능력을 자랑치 아니하고 "내게 능력 주시는 자 안에서 내가 모든 것을 할 수 있느니라"(빌 4:13)고 고백한 것도 같은 맥락이다.

아사 왕은 용기 있는 사람이었다. 당연히 그도 하나님을 전폭적으로 의지했고 그 하나님께 충성했다. 그의 이력을 먼저 소개한다면 그는 분열 왕국 남쪽 유다의 제3대 왕이었다. 이스라엘이 남북으로 분열한 뒤 외세의 침입이 잦았던 시기에 부왕 아비얌과 모친 마아가 사이에서 태어났고 부왕 아비얌이 죽자 그 뒤를 이어 왕위에 올랐다. 그의 재위 기간은 41년이었다(왕상 15:8-10).

아사 왕은 등극하면서 먼저 성곽과 망대를 건축하고 군대를 양성했다. 이는 평안할 때 외세의 침략을 대비하는 지혜로운 행동이었다. 국가 방어의 사명을 지고 있는 한 나라의 왕으로서 사람이 할 수 있는 일을 하나님을 의지한다는 이유로 방기(放棄)하는 어리석은 자가 아니라 자기 사명에 충실한 책임감 있는 면모를 보여주는 지혜로운 자였다. 하나님을 의지하다는 것이 자기가 해야 하는 일까지 포기하는 행위가 아님을 그는 보여주었던 것이다.

그의 하나님을 섬기는 열심은 대단했다. 하나님께 제사를 드릴 때 제물로 소 칠백 마리와 양 칠천 마리를 드리면서 마음과 목숨을 다하여 여호와 하나님을 찾겠노라고 언약했다면(대하 15:11-12) 솔로몬이 왕위에 올라 기브온 산당에서 1천 번제를 드린 일과 어떻게 다르겠는가? 이런 아사 왕의 모습을 성경은 평가하기를 "그가 그의 조상 다윗같이 여호와 보시기에 정직히 행했다"고 기술해 놓고 있다(왕상 15:11).

그가 어느 정도로 하나님께 충성했는가. 선대로부터 내려온 우상숭배를 철저하게 금한 종교개혁에서도 알 수 있다. 남색(男色)하는 자들을 쫓아냈다. 조상들이 세운 모든 우상을 파기했다. 심지어 자신의 어머니인 마아가가 아세라의 가증한 우상을 만들었다는 이유로 태후의 자리를 폐하고 그가 만든 우상을 찍고 빻아 기드온 시냇가에서 불살랐다(대하 15:16, 왕상 15:13). 하나님만 온전히 섬기고 기강을 세우기 위해서는 자신의 주변에서부터 개혁되어야 한다는 것을 그는 실천했던 것이다. 그것은 용기였다.

그의 업적을 소개하려면 구스의 침략을 기도로 물리친 일도 빼놓을 수 없다. 구스 사람 세라가 군사 백만과 병거 삼백 대를 거느리고 침략해 왔을 때 그는 마주 나가서 전열을 갖추었다. 그러나 그렇다 하더라도 유다는 전력 면에서 구스에 약했다. 아사 왕은 여호와 하나님께 부르짖어 기도했다.

"여호와여 힘이 강한 자와 약한 자 사이에는 주밖에 도와줄 이가 없사오니 우리 하나님 여호와여, 우리를 도우소서. 우리가 주를 의지하오며 주의 이름을 의탁하옵고 이 많은 무리를 치러 왔나이다. 여호와여, 주는 우리 하나님이시오니 원하건대 사람이 주를 이기지 못하게 하옵소서"(대하 14:11).

그는 자신에게 힘이 부족할 때 낙심한 것이 아니라 전능하신 하나님을 의지했다. 물론 하나님은 그의 기도를 들어주셨고 의지하는 그의 편에서 싸워 주시고 아사 왕에게 승리를 안겨주었다.

신앙인의 용기란 무엇인가? 어떤 경우에도 낙심치 않고 하나님을 믿고 의지하는 것 아닌가? 하나님을 신뢰하기 때문에 하나님이 가증하게 여기는 우상을 처결하고 충성스럽게 하나님만 섬기며 그 능력을 의지했던 아사 왕은 진실로 용기 있는 사람이었다.

"여호와께 피하는 것이 사람을 신뢰하는 것보다 나으며 여호와께 피하는 것이 고관들을 신뢰하는 것보다 낫도다"(시 118:8-9).

2. 여호사밧의 용기

위기를 만났을 때 어떻게 대처하는가 하는 것은 그 사람의 인격과 품성을 이해하는데 도움이 된다. 위기 앞에서 염려와 불안을 전혀 느끼지 않는 사람은 없겠지만 어떤 사람은 당황하여 우왕좌왕하면서 일을 그르치는가 하면 오히려 침착하게 일을 처리하여 위기를 극복하는 사람도 있다.

여호사밧은 분열왕국 남쪽 유다 제 4대 왕으로 아사 왕의 아들이다. 그는 25년 동안 왕위에 있었는데 통치기간에 잘못 처신한 일이 몇 가지 있다. 하나는 북 이스라엘의 왕 아합과 동맹관계를 맺기 위하여 아들 여호람을 아합의 딸 아달랴와 결혼시킨 일이고(대하 18:1) 둘째는 아합과 함께 수리아와 전쟁을 일으킨 일이다(대하 18장). 이 전쟁에서 아합 왕은 전사하고 여호사밧은 겨우 목숨만 부지했다. 셋째는 북쪽 이스라엘의 악한 왕 아하시야와 동맹을 맺어 해상권을 확보하려 했지만 실패한 일이다(대하 20:35-37).

그러나 그럼에도 여호사밧에게는 하나님을 신뢰하는 믿음으로 칭찬 받을 일이 있다. 모압과 암몬과 세일산 사람들이 연합하여 쳐들어와 국운이 풍전등화와 같을 때 그는 온 백성에게 금식을 선포하고 자신은 성전에 올라가 새 뜰 앞에서 하나님께 간구했다. 자신이 연약하다고 낙심한 것이 아니라 하나님을 의지한 것이다.

"우리 하나님이여, 그들을 징벌하지 아니하시나이까? 우리를 치러오는 이 큰 무리를 우리가 대적할 능력이 없고 어떻게 할 줄도 알지 못하옵고 오직 주만 바라보나이다"(대하 20:12).

그런데 어떻게 되었는가? 하나님은 선지자 야하시엘을 통하여 "이 큰 무리로 말미암아 두려워하거나 놀라지 말라. 이 전쟁은 너희에게 속한 것이 아니요, 하나님께 속한 것이니라. 이 전쟁에는 너희가 싸울 것이 없나니 대열을 이루고 서서 너희와 함께한 여호와가 구원하는 것을 보라. 유다와 예루살렘아 너희는 두려워하지 말며 놀라지 말고 내일 그들을 맞서 나가라. 여호와가 너희와 함께 하리라"는 응답을 주셨다(대하 20:15,17).

이 응답을 받은 여호사밧은 백성들에게 "너희는 너희 하나님 여호와를 신뢰하라. 그리하면 견고히 서리라. 그의 선지자들을 신뢰하라. 그리하면 형통하리라"하고 격려한 다음 노래하는 자들을 택하여 거룩한 예복을 입히고 군대 앞에 행진하여 "여호와께 감사하세. 그의 인자하심이 영원하도다." 하고 여호와 하나님을 찬송하도록 했다(대하 20:20-21).

이 찬송이 시작될 때 하나님은 역사하셨는데 이스라엘을 연합하여 침략한 암몬과 모압과 세일산 사람들이 자기들끼리 서로 싸워서 패배하도록 만드신 것이다. 즉 암몬과 모압이 일어나 함께 세일산 사람들을 쳐서 진멸시키고 그 후에는 모압과 암몬이 저희들끼리 싸워서 피차 살육함으로 살아남은 자가 없었다. 결국 여호사밧과 백성들은 칼 한 번 휘둘러보지 않고도 승리했고 전리품을 수거하는 데만 3일이 걸렸다. 이스라엘은 브라가 골짜기에서 여호와 하나님을 송축하며 승리의 개가를 불렀다(대하 20:22-26).

이 전쟁은 오직 하나님만 신뢰하여 이긴 특별한 전쟁이었다. 스스로의 힘으로 싸워 이길 수 없는 상황에서 여호사밧은 교만하지 않았고 자신의 무능을 탓하며 좌절하지 않았고, 오직 전능하신 만군의 여호와 하나님을 믿고 신뢰했다.

위기를 만났을 때 당황하지 않고 침착하게 전능자를 의지하고 바라본 것은 용기였다. 첨단 과학의 시대인 오늘날에도 무기나 병력이나 전술이나 자신의 지혜를 의지하기 전에 하나님만 의지하고 바라볼 수 있다면 그는 용기 있는 신앙인이 아니겠는가.

"뭇 나라가 나를 에워쌌으니 내가 여호와의 이름으로 그들을 끊으리로다. 그들이 나를 에워싸고 에워쌌으니 내가 여호와의 이름으로 그들을 끊으리로다"(시 118:10-11).

3. 여호야다의 용기

분열왕국 남(南)유다 제4대 여호사밧 왕과 북(北)이스라엘 제 7대 아합 왕은 정치적인 목적으로 사돈관계를 맺었다. 즉 여호사밧의 아들 여호람과 아합과 요녀(妖女) 이세벨 사이에서 난 아달랴가 결혼을 한 것이다.

그 후 여호람의 왕후가 된 아달랴는 남편에게 좋지 않은 영향을 주었는데 그것은 여호람으로 하여금 우상숭배로 여호와 보시기에 악을 행하도록 한 것이었다(왕하 8:18).

아달랴는 인간적으로나 가정적으로 행복하지 못했다. 남편 여호람이 왕위에 오른 지 8년 만에 죽고 그 뒤를 이어 자신의 아들 아하시야가 왕위에 올랐으나 그도 왕위에 오른 지 1년도 못돼 죽었다. 북(北)이스라엘의 왕이며 자신의 외삼촌인 요람이 아람 왕 하사엘과 싸우다 부상을 입었다는 소식을 듣고 문병을 갔다가 때마침 북(北)이스라엘에서 반란을 일으킨 예후에 의해서 피살되고 말았다.

이제 남(南)유다 왕국의 왕위는 당연히 피살된 아하시야의 아들로 이어져야 했다. 그런데 왕가에 변란이 일어났다. 아합과 이세벨 사이에 태어나 남(南)유다의 여호람 왕에게 시집왔던 아달랴가 장차 왕위에 오를 자격이 있는 아하시야의 아들들을 모조리 학살한 것이다(왕하 11:1). 아달랴가 권력에 눈이 어두워지자 자신의 손자들도 진멸하는 포악을 행하고 스스로 권좌에 올랐다.

그러나 이런 환난의 때에도 왕자 하나가 생명을 부지할 수 있었으니 죽은 아하시야 왕의 누이동생이며 제사장 여호야다의 부인인 여호세바가 태어난 지 1년도 채 안된 핏덩이 '요아스'를 그의 유모와 함께 살육 당하는 곳에서 훔쳐낸 것이다. 요아스는 그 후 제사장 여호야다의 보호 아래 성전에서 은밀하게 양육되었다(왕하 11:1-3).

그리고 7년이 지났다. 아니 7년을 기다렸다. 제사장 여호야다는 기다릴 줄을 알았다. 대안이 없는 혁명을 위하여 7년을 기다렸고 드디어 치밀한 계획 끝에 간악한 위정자 아달랴를 축출하고 이제 막 일곱 살의 요아스에게 기름을 부어 왕위에 오르게 하였다(왕하 11:4-12). 어린 왕자를 비밀리에 성전에서 양육하여 왕위를 계승시킨 제사장 여호야다. 그 일이 과연 생명을 내건 용기 없이 가능했을까.

그러나 그보다 제사장 여호야다의 용기는 하나님의 섭리와 언약을 파괴하고자 하는 궤계를 물리친 업적에서 진실로 더욱 빛이 난다. 아달랴의 왕가 멸절 사건은 윤리적으로나 상식적으로나 이해하기 어려운 패역한 행동이었지만 그녀의 행위는 단순히 권력을 차지하기 위한 의도만이 아니라 다윗의 후손에서 인류를 위한 메시야를 탄생시키겠다는 하나님의 언약을 파기시키기 위한 행동이었을 때, 문제의 심각성이 있었던 것이다.

그렇다면 역시 생후 1년도 안된 요아스를 죽음의 자리에서 빼내어 7년 동안 은밀하게 양육하여 왕위에 오르도록 한 것은 단순하게 왕위를 계승시킨 차원만이 아니라 다윗의 후손에서 메시야를 탄생시키겠다고 하신 하나님의 언약을 성취시킨 일이 아닌가! 아달랴가 하나님의 언약을 파기시키려 했다면 여호야다는 그 언약을 성취시키려 한 것이 된다.

여호야다는 130세로 세상을 떠날 때까지 어린 요아스를 잘 보좌했을 뿐 아니라 왕으로 하여금 우상을 척결하고 오랫동안 우상숭배로 퇴락한 하나님의 성전을 수리하도록 했다(대하 24:1-14). 제사장 여호야다의 혁명은 그 목적과 명분이 옳았기에 용기다.

"악인의 길은 여호와께서 미워하셔도 공의를 따라가는 자는 그가 사랑하시느니라"(잠 15:9).

4. 나봇의 용기

아합이 이스라엘의 왕으로 있을 때 그의 궁전 부근에 이스르엘 사람 나봇은 포도원을 가지고 있었다. 아합 왕은 하필 그 포도원에 욕심이 났다. 그리하여 포도원 주인인 나봇에게 종용했다.

"네 포도원이 내 왕궁 곁에 가까이 있으니 내게 주어 채소밭을 삼게 하라. 내가 그 대신에 그보다 더 아름다운 포도원을 네게 줄 것이요, 만일 네가 좋게 여기면 그 값을 돈으로 네게 주리라"(왕상 21:2).

현실적 유익만을 구하는 사람에게 이런 제의가 들어왔다면 얼마나 좋았을까? 더 좋은 포도원을 얻든지 아니면 많은 돈을 벌 수 있는 기회가 주어진 것이다. 그러나 나봇에게는 그것이 통하지 않았다. 그는 답답하리만큼 고지식했다.

그의 앞에는 세상 권세를 쥐고 있는 아합 왕의 종용도 있지만 그보다 먼저 조상 적부터 대대로 내려오는 토지를 다른 사람에게 팔지 말라는 하나님의 명령도 있었다(레 25:23). 나봇이 현실을 고려하며 상황판단을 할 수 있었다면 그는 하나님의 명령과 아합 왕의 요구를 놓고 심한 고민 속에 빠졌을 것이다.

포도원을 요구하는 사람은 다름 아닌 이 나라 왕이고 왕에게는 권세가 있다. 그 권세가 잘못된 사람에게 쥐어지면 얼마나 위험한 흉기가 될 수 있는가. 그런데 아합 왕은 매우 부도덕한 왕이다. 거기에다 왕비 이세벨은 이방 여인으로 바알과 아세라 같은 우상을 섬긴다. 다시 말하면 여호와의 명령을 무시하고 여호와의 선지자들을 박해하며 이스라엘에서 여호와 신앙을 몰아내려고 온갖 사악한 일을 다 하는 여인이 부도덕한 왕의 가장 가까운 곳에 있는 것이다. 위험한 권세자의 요구가 하나님을 두려워하며 그 명령을 준행하는 나봇을 난처하게 만들었을 것이다.

그러나 나봇은 아합 왕의 제의를 일언지하에 거절했다. 하나님의 뜻을 따르고자 하는 그에게 왕의 명령이나 위협이 전혀 고려될 수 없었다.

한편 아합 왕으로서는 왕의 권위가 일개 백성으로부터 무시당하고 자신의 욕구가 채워지지 못함이 분한 일이긴 했지만 그러나 자신도 알고 있는바 조상 적부터 내려오는 토지를 남에게 양도할 수 없다는 하나님의 법을 내세우는 나봇을 당장 어찌할 수 없었나.

그에게도 일말의 양심은 있었는가, 그는 고민 중에 답답하여 침상에 누워버렸고 식사조차 하지 못했다. 나중에 이 사실을 안 왕비 이세벨은 나봇이 사는 이스르엘의 장로와 귀족들에게 왕의 이름으로 편지를 써서 보냈다. 사악한 이세벨의 간계가 남모르게 진행되기 시작한 것이다. 아니나 다르랴, 얼마 후 나봇은 왕비의 편지를 받은 이스르엘 장로와 귀족들에 의해서 재판에 회부되었고 하나님과 왕을 저주했다는, 증거도 없는 거짓 증인들의 증언에 의하여 성 밖에서 돌에 맞아 죽어야 했다.

하나님을 경외하는 사람을 죽이는데 하나님의 거룩한 이름이 오용되고 백성을 바르게 다스리라고 주어진 권세가 왕의 사사로운 욕심을 채우는데 남용되었다. 거기에 권세에 아부하는 자들의 방조는 힘없는 백성 한 사람을 죽이는데 별로 어렵지 않았다.

부도덕한 사회에서 어쩌면 나봇은 융통성도 없는 어리석은 사람일 수 있다. 양보하고 타협하면 얼마든지 생명을 보존하고 오히려 더 부유하게 살 수도 있었을 텐데, 그렇게 생명을 버리면서까지 고지식할 필요가 있는가 하고 비웃음의 대상이 될 수도 있다.

그러나 나봇은 빼앗길망정 돈에 매수되어 팔아먹지 않았고, 고지식하고 어리석다는 말을 혹시 들을지언정 불의에 굴복하거나 타협하지 않았고, 차라리 돌에 맞아 죽을지언정 하나님의 명령을 고수했다. 오늘날 그 누가 나봇을 가리켜 어리석은 자였다고 비웃겠는가!

> "몸은 죽여도 영혼은 능히 죽이지 못하는 자들을 두려워하지 말고 오직 몸과 영혼을 능히 지옥에 멸하실 수 있는 이를 두려워하라"(마 10:28).

5. 오바댜의 용기

생명의 위험 속에서도 의를 행할 수 있다면 그는 용기 있는 사람이다.

오바댜는 분열 왕국 북이스라엘 제7대 아합 왕 때 사람으로 아합 왕으로부터 신임을 받은 궁내대신이었다. 아합 왕은 시돈왕 엣바알의 딸 이세벨을 아내로 삼고 그 아내가 섬기는 바알을 섬겨 숭배하므로 온 이스라엘을 타락의 길로 내몰았다(왕상 16:31). 성경은 그러한 아합 왕을 가리켜 "그 이전의 이스라엘의 모든 왕보다 심히 이스라엘 하나님 여호와를 노하시게 하였더라"고 기록했다(왕상 16:33).

그러니 이스라엘의 형편이 어떻게 되었겠는가? 왕비 이세벨의 비호를 받는 바알과 아세라를 섬기는 선지자들은 득세하였고 하나님의 선지자들은 위축되었을 뿐 아니라 많은 사람이 피살되었다. 오죽 했으면 엘리야 선지자까지도 주의 선지자는 자기 혼자만 남은 줄 알았겠는가(왕상 19:10,14).

하나님의 징계로 인해 이스라엘 전역에는 3년 6개월 동안 비가 내리지 않았고, 영적으로 타락한 백성들은 전통적으로 섬겨온 여호와를 떠날 수도 없고 그렇다고 왕이 섬기는 바알을 멀리할 수도 없는 상황에 처해 여호와와 바알 사이에서 머뭇거려야 했다.

이러한 때에 오바댜는 아합 왕과 물 근원을 찾으러 나섰다가 엘리야 선지자를 만났고 엘리야와 아합 왕과의 만남을 주선하여 결국 하나님의 선지자 엘리야와 바알 선지자 450명, 아세라의 선지자 400명과의 갈멜산 영적 대결을 성사시켜 여호와만이 유일한 하나님 되심을 만천하에 드러내게 했다(왕상 18:16-19).

오바댜. 그는 비록 아합 왕 밑에서 궁내대신으로 신임을 받고 있었지만 그렇다고 아합 왕의 권세 아래서 안주하며 그의 뜻에 동조하지는 않았다. 그의 중심은 여호와 하나님을 경외하였기 때문에 오히려 아합 왕의 뜻을 저버리는 행동을 했다. 즉 아합 왕과 왕비 이세벨이 배척하는 하나님의 선지자 100명을 50명씩 나누어 동굴에 숨기고 몰래 음식을 제공하며 보호했던 것이다(왕상 18:4,13).

언제든지 발각되면 자신의 목숨이 위험한 현실에서 그런 일을 감행하기가 쉬웠겠는가. 의로운 사람만이 할 수 있는 진정한 용기 아니겠는가.

선지자가 아니더라도 선지자의 상을 받을 수 있는 길이 있다. 내가 의인이 아니더라도 의인의 상을 받을 수 있는 방법이 있다. 예수님은 “선지자의 이름으로 선지자를 영접하는 자는 선지자의 상을 받을 것이요, 의인의 이름으로 의인을 영접하는 자는 의인의 상을 받을 것”이라 하셨다(마 10:41). 오바댜는 선지자 100명을 위험에서 보호하며 몰래 그들을 공궤했다. 자기 생명도 위험한 그 생명의 위험 속에서 의를 행할 수 있었다면 그는 진정 용기 있는 사람이 아니겠는가.

"아합이 왕궁 맡은 자 오바댜를 불렀으니 이 오바댜는 여호와를 지극히 경외하는 자라"(왕상 18:3).

6. 야베스의 용기

야베스는 유다지파에 속한 사람이라는 것 외에 누구의 아들이며 언제 태어났고 구체적으로 어떤 일을 했는지, 그의 행적에 대해서 자세히 알 수 없다. 성경은 그에 대하여 다음과 같이 간단하게 소개하고 있을 뿐이다.

“야베스는 그의 형제보다 귀중한 자라. 그의 어머니가 이름하여 이르되 야베스라 하였으니 이는 내가 수고로이 낳았다 함이었더라. 야베스가 이스라엘 하나님께 아뢰어 이르되 주께서 내게 복을 주시려거든 나의 지역을 넓히시고 주의 손으로 나를 도우사 나로 환난을 벗어나 내게 근심이 없게 하옵소서 하였더니 하나님이 그가 구하는 것을 허락하셨더라”(대상 4:9-10).

이 말씀이 야베스에 대한 유일한 기록인데 이 말씀에 의하면 야베스라는 이름은 그의 어머니가 지었고 “수고로이 낳았다”는 뜻을 가지고 있다는 것이다.

그의 어머니가 얼마나 고통과 슬픔을 겪으며 그 아들을 낳았으면, 자식의 이름까지 그렇게 지었을까. 당시에 아버지가 아닌 어머니가 자식의 이름을 지었다는데도 생각의 여지를 남기고 있다.

야베스는 그를 낳은 어머니가 봐도 고생의 자식이요, 슬픔의 자식이었던 것이다. 아무튼 이 세상에 태어날 당시 야베스의 신상이나 주위환경이 불행했던 것만은 분명하다.

이럴 때 얼마나 많은 사람들이 자신의 신상과 불행한 환경을 탓하고 원망하는가. 그리고 끝내는 그 환경에 항복하여 자포자기하는 인생으로 끌고 가기도 한다.

그러나 야베스는 그렇지 않았다. 그는 자신의 인생을 불행에 방치해 두지 않았다. 그 환경을 벗어나기 위해서 도전했다. 그 어렵고 불행한 환경을 극복하기 위해서 노력했고 무엇보다 하나님께 정면으로 도전했다. 그는 과감하게 하나님께 매달려 기도했다.

그는 복의 근원이 하나님이심을 믿었기 때문에 내게 복을 달라고 기도했다. 그는 성공의 열쇠도 하나님께 쥐어져 있음을 알았기 때문에 나의 지역을 넓혀 달라고 간구했다. 인생의 모든 환난과 근심도 하나님께서 제거해 주시고 평정케 하시는 분임을 믿었기 때문에 나로 환난을 벗어나 근심을 없게 해 달라고 부르짖었다.

그런데 하나님은 그의 도전을 외면치 않으셨다. 그의 간절한 기도와 믿음의 간구를 들어주신 결과 야베스는 보는 형제보다 존귀한 자가 되었다. 하나님은 과연 담대히 부르짖는 자의 하나님이셨던 것이다.

야베스는 자기에게 주어진 운명을 스스로 바꾸었다. 처음은 불행했지만 나중은 행복한 사람이 되었다. 처음은 미약했지만 나중은 창대했고 처음은 비참했지만 나중은 존귀해졌고 처음은 슬펐지만 나중은 기뻤다. 처음엔 주위 사람들로부터 "참 안됐다"는 동정을 받았지만 나중은 그들로 하여금 자신을 우러러 보게 만들었다.

환경에 굴복하는 자가 나약한 사람이라면 환경에 도전하고 하나님께 매달려 부르짖는 사람은 용기 있는 사람이다. 야베스가 오늘을 사는 우리에게 외치고 있다.

"환경을 탓하거나 비관하지 말라. 원망하고 불평하고 슬퍼하는 시간에 하나님께 부르짖으라, 도전하라!"

> "아무 것도 염려하지 말고 다만 모든 일에 기도와 간구로, 너희 구할 것을 감사함으로 하나님께 아뢰라. 그리하면 모든 지각에 뛰어난 하나님의 평강이 그리스도 예수 안에서 너희 마음과 생각을 지키시리라"(빌 4:6-7).

7. 사르밧 과부의 용기

이스라엘의 아합 왕은 시돈 사람의 왕 엣바알의 딸 이세벨과 결혼을 하고 그들이 섬기는 바알을 섬기며 예배하였다. 사마리아에 건축한 바알의 신전 안에 바알을 위한 제단을 쌓으며 아세라 목상을 세움으로 여호와 하나님을 심히 노하시게 하였다(왕상 16:31-33).

이런 때에 3년 6개월 동안 지면에 비가 내리지 않았다면 어찌 그것을 하나님의 징계라 아니할 수 있겠는가. 하나님의 사람 엘리야가 이런 극심한 기근의 때에 하나님의 명령을 받고 시돈 지방에 속한 사르밧으로 갔을 때 그는 그곳에서 나뭇가지를 줍고 있는 한 여인을 만나게 되었다. 엘리야는 그 여인에게 부탁했다.

"청하건대 그릇에 물을 조금 가져다가 내가 마시게 하라."

여인이 말없이 물을 가지러 돌아설 때 엘리야는 다른 한 가지 청원을 더했다.

"네 손의 떡 한 조각을 내게로 가져오라."

3년 6개월 동안 비가 내리지 않는 시절에 마실 물을 요구하더니 이제는 한 술 더 떠 먹을 음식까지 요구하는 것이었다. 어떻게 생각하면 참 염치도 없는 사람이 아닌가. 여인은 말했다.

"당신의 하나님 여호와께서 살아계심을 두고 맹세하노니 나는 떡이 없고 다만 통에 가루 한 움큼과 병에 기름 조금 뿐이라. 내가 나뭇가지 둘을 주워다가 나와 내 아들을 위하여 음식을 만들어 먹고 그 후에는 죽으리라"(왕상 17:12).

그러나 이 기가 막힐 현실 속에서도 엘리야는 여인에게 말했다.

"두려워하지 말고 가서 네 말대로 하려니와 먼저 그것으로 나를 위하여 작은 떡 한 개를 만들어 내게로 가져오고 그 후에 너와 네 아들을 위하여 만들라. 이스라엘의 하나님 여호와의 말씀이 나 여호와가 비를 지면에 내리는 날까지 그 통의 가루가 떨어지지 아니하고 그 병의 기름이 없어지지 아니하리라 하셨느니라."

이 한발(旱魃)과 기근(饑饉)의 때에 어느 누가 그 말을 그대로 믿을 수 있겠는가. 그의 말은 떡을 얻어먹고 조금이라도 생명을 더 연장해보려는 얕은 속임수요, 달콤한 수작으로 들릴 수도 있었을 것이었다.

그러나 이 여인은 용기가 있었다. 선지자의 말을 그대로 믿었다. 순종했다. 그녀는 굶어죽을 수밖에 없는 위기가 다가오는 그 시점에서도 어려운 사람끼리 나눠 먹을 줄 알았다. 극한 상황에서도 사랑을 심었고 베푸는 일을 실천했다.

예수님은 선지자의 이름으로 선지자를 영접하는 자는 선지자의 상을 받을 것이오, 의인의 이름으로 의인을 영접하는 자는 의인의 상을 받을 것이요, 또 누구든지 제자의 이름으로 이 작은 자 중 하나에게 냉수 한 그릇이라도 주는 자는 결단코 상을 잃지 않는다고 하셨는데(마 10:41-42) 이 여인은 이를 실천하는 것이었다.

하나님은 그 여인을 축복하셨다. 엘리야의 말대로 그 혹심한 가뭄에도 통의 가루가 떨어지지 않았고 병의 기름이 없어지지 않았다(왕상 17:15-16). 과연 위기는 새로운 기회를 제공하고 하나님은 복을 받을만한 그릇에 어김없이 내리어주셨던 것이다.

> "내가 어려서부터 늙기까지 의인이 버림을 당하거나 그의 자손이 걸식함을 보지 못하였도다. 그는 종일토록 은혜를 베풀고 꾸어 주니 그의 자손이 복을 받는도다"(시 37:25-26).

8. 엘리야의 용기

3년 6개월 동안 지면에 비가 내리지 않았다면 그 땅에 사는 백성들의 고통은 어느 정도였을까.

분열왕국 북 이스라엘 제 7대 왕 아합의 때였다. 아합 왕은 시돈 사람의 왕 엣바알의 딸 이세벨로 아내를 삼고 그 아내가 섬기는 우상을 숭배했다. 사마리아에 바알 사당을 건축하고 바알을 위하여 단을 쌓았다(왕상 16:31-32).

왕비 이세벨은 세속 권세를 이용하여 여호와의 선지자들을 박해하며 죽였다. 자연히 이세벨의 비호를 받는 바알과 아세라의 선지자들은 득세를 했고 백성들의 여호와 신앙은 흔들릴 수밖에 없었다. 백성들은 왕이 숭배하는 바알에 대해서 적극적으로 반대할 수 없어 오히려 동조해야 했고 그렇다고 전통적인 여호와 신앙도 버릴 수 없어 이른 바 혼합 신앙 형태가 되어가고 있었다. 이처럼 영적 타락이 도를 넘었을 때 3년 6개월 동안 비가 내리지 않았다면 그 원인이 어디에 있었겠는가.

그러나 아합 왕과 그의 추종자들의 생각은 달랐다. 이스라엘 땅에 여호와 신앙을 완전히 제거하지 않음으로 농경신이며 풍요의

신으로 믿는 바알이 진노한 결과라고 보았다. 그리하여 아합 왕이 엘리야를 만났을 때 그는 엘리야를 나라에 기근을 초래케 하여 이스라엘을 괴롭히는 주범으로 몰았다(왕상 18:17).

과연 누구의 생각이 옳은가. 생각이나 말로 이 팽팽한 주장을 판가름 낼 수는 없다. 누구나 객관적으로 인정할 수 있는 증거가 필요했다. 그리하여 과연 여호와가 하나님인가, 아니면 바알이 하나님인가를 규명하는 영적 대결이 갈멜산에서 시작되었다. 여호와 신앙을 대표하는 사람은 오직 엘리야 한 사람인데 반하여 그 앞에는 아합 왕을 비롯하여 바알 선지자 450명과 아세라 선지자 400명이 모였고 모든 백성들이 참관인과 증인이 되기 위하여 집결했다.

대결이 시작되기 전에 엘리야는 백성들에게 외쳤다. 너희가 어느 때까지 둘 사이에서 머뭇머뭇 하려느냐? 여호와가 만일 하나님이면 그를 따르고 바알이 만일 하나님이면 그를 따를지니라, 하고 신앙의 결단을 촉구했다(왕상 18:21).

드디어 영적 대결은 시작되고 먼저 바알의 선지자들이 단을 쌓고 그 위에 송아지를 잡아 올려놓았다. 그리고 부르짖었다. 응답이 없었다. 오정이 지나고부터는 칼과 창으로 자신들의 몸을 자해하고 피를 흘리면서까지 미친 듯이 외쳐댔다. 그럼에도 아무 응답이 없었다.

이제는 엘리야 차례였다. 그는 먼저 무너진 여호와의 단을 수축하고 그 위에 각을 뜬 송아지를 제물로 바쳤다. 그리고 간절히 기도했다.

"아브라함과 이삭과 이스라엘의 하나님 여호와여! 주께서 이스라엘 중에서 하나님이신 것과 내가 주의 종인 것과 내가 주의 말씀대로 이 모든 일을 행하는 것을 오늘 알게 하옵소서. 여호와여 내게 응답하옵소서. 내게 응답하옵소서! 이 백성에게 주 여호와는 하나님이신 것과 주는 그들의 마음을 되돌이키심을 알게 하옵소서"(왕상 18:36-37).

기도가 끝나자마자 하늘에서 불이 내렸다. 그리고 단 위의 제물을 태웠다. 누가 하나님인가 하는 것은 더 이상 논의의 대상이 될 수 없었다. 엘리야는 바알 선지자 전원을 도망하지 못하게 붙잡아 기손 시내로 내려가서 죽였다.

세상 권세를 쥐고 있는 아합 왕과 왕비 이세벨 앞의 엘리야는 한갓 나약한 신하에 불과했다. 450명의 바알 선지자와 400명의 아세라 선지자 앞의 엘리야는 수적으로 열세였다. 그럼에도 그 권세와 그 많은 수효 앞에 당당히 맞설 수 있었던 용기는 어디서 나왔을까? 언제, 어디서나 오직 하나님만 섬기겠다는 결단, 오직 여호와만이 전능하신 하나님이시라는 확신 때문이 아니었겠는가.

"두려워하지 말라, 내가 너와 함께 함이라. 놀라지 말라, 나는 네 하나님이 됨이라. 내가 너를 굳세게 하리라. 참으로 너를 도와 주리라. 참으로 나의 의로운 오른손으로 너를 붙들리라"(사 41:10).

9. 엘리사의 용기(1)

엘리사는 그 날 열두 겨릿소를 앞세우고 밭을 갈고 있었다. 그는 엘리야 선지자가 다가와서 자신에게 겉옷을 벗어 던졌을 때 자신을 후계자로 부르고 있음을 알았다. 그는 곧 자신의 부모에게 작별의 인사를 드린 뒤에 따르겠다고 허락을 받은 다음 집으로 돌아갔다. 그는 거기서 한 겨릿소를 잡고 소의 기구를 불살라 그 고기를 삶아서 백성에게 나누어 드렸다. 그리고 약속대로 엘리야 선지자를 따르는 제자로서의 길을 걸었다(왕상 19:19-21).

엘리사는 부르심을 받기 전에 자기의 일에 충실한 사람이었다. 하나님은 무슨 일이든 자기에게 맡겨진 일에 충실한 사람을 찾으시는 게 아닐까.

다윗이 소년시절, 제 아버지의 목장에서 때로는 곰이나 사자와 같은 맹수와 싸우면서 맡겨진 양을 보호하는 모습이 하나님이 보시기에 아름다웠을 것이다.

베드로와 요한이 갈릴리 바다에서 그물을 던지면서 자기 생업에 열심인 것을 예수님은 예사로 보시지 않았을 것이다. 주님은 지극히 작은 것에 충성된 자는 큰 것에도 충성되고 지극히 작은 것에 불의한 자는 큰 것에도 불의하다고 하셨지 않은가(눅 16:10).

엘리사는 부르심을 받았을 때 즉각적인 순종의 모습을 보여주었다. 밭을 가는 중이었지만 엘리야가 부르자 곧 소들을 버려두고 달려와 따르겠다고 했다. 그는 머뭇거리거나 늦장을 부리지 않았다.

엘리사는 결단성을 보여주었다. 그는 집을 떠나게 될 때 부모님에게 작별인사를 하므로 예절을 잃지 않았다. 같이 교제를 나누었던 백성들에게 소를 잡아 대접을 했다. 인간관계를 소홀히 하지 않은 것이다.

뿐만 아니라 그는 소의 기구를 불살라 고기를 삶았다. 그것은 결단이었다. 소의 기구를 잘 씻어 보관하면서 미련을 남기고 떠나는 것이 아니라 더 귀한 일을 위해서 지난 일을 청산하고 떠났던 것이다.

사도 마태는 주님께서 부르자 세관을 버려두고 따랐고, 베드로와 요한도 배와 그물과 부친을 버리고 따랐지 않은가. 아브라함도 하나님의 말씀을 듣고 즉시 고향과 친척과 아버지의 집을 떠나 가나안 땅으로 들어갔다. 미지의 세계를 갈 바를 알지 못하고 나아갔다(히 11:8).

그렇다. 신앙은 결단이다. 그리고 용기 있는 사람은 결단해야 할 때 결단할 줄 안다. 아직도 주님을 믿는다고 하면서 구습을 버리지 못하고 있는 사람, 아직도 미련을 버리지 못하고 옛 사람의 성품에 이끌려 다니는 사람, 아직도 주님의 부르심에 응답하지 못하고 머뭇머뭇하는 사람에게 엘리사는 말한다.

"당신이 귀하게 여기는 그것을 주님을 위해서 버릴 수 있어야 합니다."

"예수께서 이르시되 내가 진실로 너희에게 이르노니 나와 복음을 위하여 집이나 형제나 자매나 어머니나 아버지나 자식이나 전토를 버린 자는 현세에 있어 집과 형제와 자매와 어머니와 자식과 전토를 백 배나 받되 박해를 겸하여 받고 내세에 영생을 받지 못할 자가 없느니라"(막 10:29-30).

10. 엘리사의 용기(2)

엘리야 선지자가 지상 사역의 사명을 모두 마치고 승천할 날이 가까웠을 때 그는 엘리사와 함께 '길갈'에 있었다. 어떤 연유였는지 모르지만 스승인 엘리야는 엘리사를 그곳에 머물게 하고 자신만 하나님의 뜻을 따라 '벧엘'로 가려 했다.

그러나 엘리사의 태도는 단호했다. 자신은 여호와께서 살아계심과 선생님의 영혼이 살아있음을 두고 맹세하지만 결코 선생님을 떠나지 않겠다는 것이었다.

그리하여 저들은 함께 벧엘에 도착했다. 그런데 거기서도 엘리야는 엘리사에게 말하기를 자신은 지금 하나님의 명에 따라 여리고로 가게 되는데 너는 이곳에 머무르라고 하지 않는가.

그러나 그토록 계속되는 만류에도 엘리사는 스승을 따르는 길을 절대로 포기하지 않았다. 그들은 함께 여리고에 도착하였고 거기서 요단까지 동행했다. 요단에 도착해서는 엘리야가 겉옷을 가지고 말아 물을 치니 물이 이리저리 갈라지고 두 사람은 요단을 마른 땅 위로 건널 수 있었다. 거기서 비로소 엘리야는 엘리사에게 말했다.

"나를 네게서 데려감을 당하기 전에 내가 네게 어떻게 할지를 구하라."

어쩌면 이 질문은 받기 위해서 엘리사는 스승인 엘리야를 떠나지 않고 여기가지 좇아왔을 것이다. 그는 절호의 이 기회를 놓치지 않았다. 그는 담대하게 소원을 아뢰었다. 당신의 성령이 하시는 역사가 갑절이나 내게 있게 해 달라고. 사실 그것은 어려운 요구였다. 그러나 이 끈덕진 제자에게 어떻게 할 것인가? 엘리야는 사랑하는 제자에게 그 능력을 받을 수 있는 비결을 가르쳐 주었다.

"나를 네게서 데려가시는 것을 네가 보면 그 일이 네게 이루어지려니와 그렇지 아니하면 이루어지지 아니하리라."

아니나 다르랴. 두 사람의 대화 중에 갑자기 불수레와 불말들이 나타나 두 사람을 갈라놓더니 엘리야는 회오리바람으로 하늘로 올라갔고 엘리사는 그 광경을 놓치지 않고 목도할 수 있었다. 그리고 그 순간이야말로 엘리사가 약속대로 엘리야의 능력을 갑절로 이어받는 순간이었다(왕하 2:1-11참조).

지신이 존경하는 선생님을 끝까지 따르는 사람은 그 선생님의 지식을 전수 받을 수 있다. 어떤 난관이나 방해에도 불구하고 끝까지 따를 수 있는 열정과 사모함을 가진 사람은 그 선생님의 사상과 능력을 이어받을 수 있다.

그렇다면 지금 우리가 따르는 스승은 과연 누구이신가? 우리의 생명을 생명 되게 하신 예수 그리스도임을 부인할 수 없다. 그 주님께서 친히 자신이 길이요, 진리요, 생명이 되신다고 말씀해 주셨다(요 14:6). 그리고 그 길은 좁은 길이라 하셨다(마 7:14). 필시 험난한 길이요, 핍박과 환난이 따르는 길이라는 의미가 아닌가. 그러므로 믿음 하나 붙들고 좁은 길 걸어가신 주님의 발자취를 따라가는 사람은 진정으로 용기 있는 사람이다.

"이에 예수께서 제자들에게 이르시되 누구든지 나를 따라오려거든 자기를 부인하고 자기 십자가를 지고 나를 따를 것이니라" (마 16:24).

11. 히스기야의 용기

사람은 누구나 일생을 사는 동안 고난의 때를 만나게 된다. 그 위기 상황을 어떻게 대처하느냐에 따라서 그의 인생의 승패가 갈린다 해도 과언이 아니다. 어떤 사람은 좌절하고 쉬 낙담한다. 연약한 사람이다. 그러나 어떤 사람은 위기에 굴복하지 않고 적극적으로 최선의 방법을 찾아 현실을 극복해 나간다. 위기를 오히려 기회로 만들어 가는 용기 있는 사람이다.

히스기야는 25세 때 부왕 아하스의 뒤를 이어 분열 왕국 유다 제 13대 왕으로 등극했다. 당시 유다의 상황은 평안치 못했다. 북쪽 이스라엘을 무너트린 신흥 앗수르 제국이 세력을 확장하며 끊임없이 위협을 가하고 있었다. 한마디로 성세가 매우 불안한 때였다. 이러한 때에 왕위에 오른 히스기야지만 성경은 그의 치적에 대해서 대체로 좋은 평가를 내려놓고 있다. 전국적으로 만연한 우상숭배를 금하고 블레셋을 쳐서 견고한 성을 구축했으며 여호와께 연합하여 그의 계명을 준수하므로 하나님으로부터 유다 여러 왕 중에 그러한 자가 없었다는 칭찬을 받았을 뿐 아니라 그의 행위가 여호와께서 보시기에 정직했다고 말씀하고 있다(왕하 18:1-8).

히스기야는 여호와 하나님만 의지했기 때문에 팽창하는 앗수르 왕을 섬기지 않았다. 이 때문에 유다는 앗수르의 침략을 받았다. 여러 성읍이 함락되고 예루살렘성이 위협을 당했다. 징수하는 은 삼백 달란트와 금 삼십 달란트도 감당해야 했다. 그럼에도 유다의 평화는 잠시 뿐이었고 앗수르의 야욕에서 벗어날 수가 없었다. 이후 앗수르의 장수인 랍사게의 침공과 조롱을 받아야 했고 급기야는 항복을 권유하는 앗수르왕 산헤립의 편지를 받아야 했다. 실로 풍전등화와 같은 난국이었다. 그러나 히스기야 왕은 낙심치 않고 성전에 올라가 받은 편지를 펴놓고 전능하신 하나님께 기도했다.

"그룹들 위에 계신 이스라엘의 하나님 여호와여, 주는 천하만국에 홀로 하나님이시라. 주께서 천지를 만드셨나이다. 여호와여 귀를 기울여 들으소서. 여호와여 눈을 떠서 보시옵소서. 산헤립이 살아계신 하나님을 비방하러 보낸 말을 들으시옵소서 … 우리 하나님 여호와여 원하건대 이제 우리를 그의 손에서 구원하옵소서. 그리하시면 천하 만국이 주 여호와가 홀로 하나님이신 줄 알리이다"(왕하 19:15-19).

그런데 하나님은 히스기야의 기도에 어떻게 응답하셨는가? 그 밤에 여호와의 사자가 나와서 앗수르 진영에서 군사 18만 5천명을 쳤다. 아침에 일어나 보니 다 송장이 되어 있었던 것이다. 앗수르 왕 산헤립은 그 길로 니느웨로 돌아갔고 거기서 신하들에 의하여 살해 되었다. 히스기야는 찾아온 위기를 믿음과 기도로 극복한 것이다.

그의 믿음과 기도로 인해 자신의 생명도 연장 받은 바 있다. 어느 날 이사야 선지자로부터 "너는 집을 정리하라. 네가 죽고 살지 못하리라"는 하나님의 말씀을 들었다. 절망스런 처지가 된 것이다. 그런데 히스기야는 낙심하기 보다는 기도하기를 택했다. 낯을 벽으로 향하고 필사적으로 기도했다. "여호와여 구하오니 내가 진실과 전심으로 주 앞에 행하며 주께서 보시기에 선하게 행한 것을 기억하옵소서"(왕하 20:3). 그는 통곡하며 생사를 주관하는 하나님께 혼신을 다하여 기도한 것이다. 그 결과는 어떻게 되었는가?

"내가 네 기도를 들었고 네 눈물을 보았노라, 내가 너를 낫게 하리니 네가 삼 일 만에 여호와의 성전에 올라가겠고 내가 네 날에 십오 년을 더할 것이며 내가 너와 이 성을 앗수르 왕의 손에서 구원하고 내가 나를 위하고 또 내 종 다윗을 위하므로 이 성을 보호하리라"(왕하 20:5-6).

하나님은 히스기야가 구하지 않은 것까지 주신다는 풍성한 응답을 주신 것이다. 히스기야 왕은 절망스런 환경에서 낙담하지 않고 그 위기를 오히려 기회로 삼았다. 하나님께 매달려 기도함으로 개인적으로는 생명을 15년이나 연장 받았고 국가적으로는 앗수르의 공격에서 보호 받았다. 절망과 낙담과 포기는 연약한 자와 비겁한 자가 할 일이다. 용기 있는 사람은 위기를 기회로 삼기 위하여 하나님께 나아와 기도한다. 히스기야는 진실로 용기 있는 사람이었다. 그는 자신에게 닥친 위기와 문제를 하나님께 끌고나와 하나님께서 해결하시도록 맡겼다. 그는 용기가 있었을 뿐 아니라 지혜로운 믿음의 사람이었다.

"내 영혼아 네가 어찌하여 낙심하며 어찌하여 내 속에서 불안해 하는가. 너는 하나님께 소망을 두라. 나는 그가 나타나 도우심으로 말미암아 내 하나님을 여전히 찬송하리로다"(시 42:11).

제6부

다니엘의 용기

1. 이사야의 용기

이사야는 귀족 출신으로 아모스의 아들이고 이사야라는 이름의 뜻은 "여호와의 구원"이다. B.C. 770년경 예루살렘에서 출생하였고 두 아들을 둔 아버지였으며(사 7:3, 8:3) B.C. 680년경 므낫세 왕에게 순교를 당했는데 전설에 의하면 톱으로 켜서 죽임을 당했다고 한다.

웃시야 왕이 죽던 해에 하나님의 소명을 받고 예루살렘에 살면서 일생 베옷을 입었고 3년 동안은 벗은 발로 다니면서 유다의 정치적, 사회적 부패상과 죄악을 고발하며 여호와의 날을 예언하고 이스라엘과 유다의 멸망을 예언했다. 이 과정에서 그는 동족의 오해를 살만큼 획기적인 발언과 행동을 서슴지 않아서 박해를 받았지만 그는 또한 도래할 소망과 위로와 구원을 노래한 선지자였으며 애국자였다.

특이한 것은 그가 쓴 이사야서는 구약 성경 중에 오실 메시야에 대한 예언을 가장 많이 담고 있어서 어거스틴 같은 사람은 이사야서를 "구약의 복음서" 또는 "제 5복음서"라고까지 했다.

이사야 선지자의 용기는 무엇보다 소명을 받을 때 적극적인 태도에서 나타난다. 웃시야 왕이 죽던 해에 그는 성전에서 천상의 모습을 환상으로 보았다. 그가 본 천상은 주께서 높이 들린 보좌에 앉으셨고 그 옷자락은 성전에 가득했다. 여섯 날개를 가진 스랍들이 "거룩하다, 거룩하다, 거룩하다, 만군의 여호와여, 그의 영광이 온 땅에 충만하도다" 하고 서로 찬양하고 있었다.

이 거룩한 모습을 보면서 이사야는 자신의 부정함을 깨닫고 부정한 입술을 가진 사람으로 만군의 여호와 하나님을 뵌 것에 대하여 절망했다. 그때에 스랍 천사가 부젓가락으로 제단에서 집은 바핀 숯을 손에 가지고 와서 그의 입술에 대므로 악이 제하여지고 죄를 사함 받는 은혜를 입게 되었다.

그리고 그 후에 비로소 이사야는 소명을 받았다. 주의 음성이 들리는데 보좌에서 "내가 누구를 보내며 누가 우리를 위하여 갈꼬?" 하는 것이었다. 하나님은 당시 부패한 사회에서 생명을 걸고 복음을 전하며 백성을 깨우칠 사명자를 찾고 있었다. 이사야는 지체하지 않고 기다렸다는 듯이 "내가 여기 있나이다. 나를 보내소서." 하고 응답했다. 거짓 선지자들이 영적세계를 어지럽히고 정치적 지도자들은 부패하므로 모든 백성이 도덕적으로 타락한 사회에서 그들의 행위를 책망하고 복음을 전파하는 일이 결코 쉬운 일이 아니었는데 그는 하나님의 부르심에 기꺼이 응답했던 것이다. 이 적극적이고 능동적인 태도야말로 이 시대를 살아가는 우리 모두가 본받아야 할 용기가 아니겠는가?

주님은 우리에게 "너희는 가서 모든 민족을 제자를 삼으라."고 명했다(마 28:19). "온 천하에 다니며 만민에게 복음을 전파하라"고

하셨고(막 16:15) "땅 끝까지 이르러 주님의 증인이 되리라"고 하셨다(행 1:8).

또한 주님은 이 시대를 가리켜 "너희 눈을 들어 밭을 보라. 희어져 추수하게 되었도다"(요 4:35)고 하셨으며 그러므로 제자들에게 이르기를 "추수할 것은 많되 일꾼이 적으니 그러므로 추수하는 주인에게 청하여 추수할 일꾼들을 보내 주소서 하라"고 말씀하셨다(마 9:37-38).

그렇다. 적극적으로 주님의 부르심에 응답하여 주신 사명 감당하는 일은 이 시대에 가장 위대한 용기다.

> "너는 말씀을 전파하라 때를 얻든지 못 얻든지 항상 힘쓰라. 범사에 오래 참음과 가르침으로 경책하며 경계하며 권하라"(딤후 4:2).

2. 예레미야의 용기

예레미야 선지자가 활동하던 시대는 유다 왕국이 우상숭배와 도덕적 타락이 극에 달한 때였다. 이처럼 부패한 사회를 향하여 예레미야는 회개를 촉구하며 회개하지 않을 경우 반드시 하나님의 징계와 심판이 있을 것을 선포했다. 거짓 선지자들이 예루살렘에 하나님의 성전이 있고 성전에서 제사가 드려지는 한 예루살렘은 절대로 망하지 않는다고 외칠 때 그는 하나님의 말씀에 순종하지 않으면 하나님의 집과 예루살렘 성이 불타고 황폐화 될 것을 예언했다.

그러나 유다의 지도자들은 예레미야가 전하는 말씀을 듣고 회개하기는커녕 오히려 그가 거룩한 성을 쳐서 말하는 것은 사형에 해당되는 죄라고 분개했다(렘 26:11). 그들은 거짓 선지자의 말을 신뢰했다. 그들은 예루살렘 성이 망하지 않았으면 하는 자신들의 희망사항을 전하는 거짓 선지자의 거짓 예언에 솔깃했고 거짓 선지자들은 저들의 귀를 잠시라도 즐겁게 해주기 위해서 하나님의 이름을 빙자하여 자기들의 생각을 전한 것이다.

참 선지자는 어떤 환경에서나, 누구 앞에서나 진실만을 전하는 사람이다. 하나님께서 주시는 말씀을 가감하지 아니하고 그대로 전하는 것이다. 그 말씀을 듣는 무리들이 싫어하더라도 진리만을 선포하고 그 말씀을 선포하므로 핍박을 받고 생명의 위험이 있어도 사실만을 전하는 사람이다.

예레미야는 순간적인 위로를 위해서 거짓을 말하지 않았고, 자기 목숨을 보존하기 위해서 마음에도 없는 말을 하지 않았고, 사람의 비위를 맞추고 귀를 즐겁게 하기 위해서 거짓을 선포하지 않았다.

드디어 하나님의 징계의 채찍인 바벨론이 쳐들어와 범죄 한 예루살렘 성을 에워쌌다. 회개하지 않는 백성에게 내려진 하나님의 진노였다. 사태의 불안을 느낀 시드기야 왕은 비밀리에 예레미야를 불러 하나님의 뜻을 물었을 때 그 앞에서 왕이 바벨론 왕에게 사로잡히게 될 것이라고 그는 거침없이 말할 수 있었다(렘 37:17).

그는 시위대 뜰에 갇혀 있으면서도 바벨론에 항복하지 않으면 예루살렘 성이 함락되고 이 성에 거하는 백성들이 칼과 기근과 전염병으로 죽게 될 것이라고 선포했다. 이 선포는 최후의 순간까지 바벨론에 항거해서 나라를 지키자고 주장하는 빈 바벨론파 고관들에게 분노를 일으키기에 충분했다. 그들은 예레미야의 발언이야말로 백성들을 불안하게 하여 성안의 백성들과 바벨론에 항거하는 군사들의 사기를 떨어뜨리는 행위로 사형에 해당되는 범죄라고 규정하였다(렘 38:1-4).

물론 평상시에 그런 발언을 했더라면 그것은 백성들을 불안하게 한 것이요, 정치적인 입장에서 보면 백성들의 결속을 해치는 반민족적인 행동임이 분명하다. 그러나 회개하지 않는 민족에게 내려지는 심판이 기정사실이고 지금 그 심판이 임박했는데 잠시 그들의 마음을 달래기 위해서 거짓 평안을 전할 수 있는가? 반 바벨론파 고관들이 그를 비겁한 자요, 매국적인 인물이라고 매도할지라도 피해를 극소화하여 한 사람의 생명이라도 더 살리고자 했던 그의 충정은 사실을 사실대로 전할 수밖에 없었던 것이다. 결국 참화를 피하는 길은 바벨론에 항복하는 길밖에 없다고 하는 그 발언 때문에 그는 물 없는 진흙 구덩이에 던져지기까지 했다(렘 38:6).

왕 앞에 나라가 멸망할 것과 왕이 사로잡혀 갈 것을 말하고 바벨론에 항거하는 고관들에게 바벨론에 항복해야 산다고 외칠 수 있는 사람이 얼마나 있겠는가? 말씀을 전하면 오히려 그 말씀 때문에 핍박을 받으면서도 그 말씀이 진실이고 하나님의 말씀이기에 전해야 했던 예레미야. 거짓과 비진리를 가지고 사람들을 현혹시키는 사람들이 많은 이 시대에 그의 용기는 더욱 빛나는 것이다.

그러면 예레미야의 권고와 선포를 듣지 않은 시드기야 왕과 예루살렘 거민들은 어떻게 되었는가? 성은 함락되어 불타고 왕은 야반도주하다 여리고 평원에서 사로잡혀 느부갓네살 왕에게 심문을 받았다. 시드기야 왕은 자신의 목전에서 자식들이 살해당하는 것을 목격한 뒤, 눈 빼임을 당하고 쇠사슬에 묶여 바벨론으로 끌려가는 비극의 주인공이 되어야 했다(렘 39:1-10).

"내가 말할 때마다 외치며 파멸과 멸망을 선포하므로 여호와의 말씀으로 말미암아 내가 종일토록 치욕과 모욕거리가 됨이니이다 내가 다시는 여호와를 선포하지 아니하며 그의 이름으로 말하지 아니하리라 하면 나의 마음이 불붙는 것 같아서 골수에 사무치니 답답하여 견딜 수 없나이다"(렘 20:8-9).

3. 레갑 족속의 용기

겐 족속이라고도 부르는 레갑 족속(대상 2:55)은 미디안 유목민으로서(민 10:29, 삿 1:16) 이스라엘 민족이 광야에서 생활할 당시부터 그들과 함께 하며 하나님을 섬겼고 가나안 땅에 들어와서도 하나님을 신실하게 섬긴 족속이다(삿 4:11-17, 왕하 10:15-27 참고).

유다 왕 여호야김 때였다. 하나님은 선지자 예레미야를 명하여 그 레갑 족속에게 가서 그들을 성전에 딸린 한 방으로 데리고 와 포도주를 마시도록 권유해 보라고 했다.

그런데 그들은 권위 있는 선지자의 권유에도 불구하고 포도주를 마시지 않겠다고 일언지하에 거절하지 않는가. 그 이유를 그들은 자기들 족속의 조상이었던 요나답으로부터 받은 규정을 어기는 것이 되기 때문이라 했다.

요나답은 이스라엘 왕 예후 당시에 레갑 족속의 족장으로 자기 족속의 유목생활의 순수성을 보존할 뿐 아니라 당시 이스라엘 사회가 부패하여 불의와 죄악이 관영하므로 그러한 타락의 생활로부터 격리된 경건한 신앙을 유지시키기 위해서 후손들에게 세 가지 규정을 정해서 준수하도록 했다.

첫째는 판단력을 흐리게 하고 방탕하게 만드는 포도주를 마시지 말라는 것이요, 둘째는 집을 짓고 정착하는 생활을 하지 말고 장막을 치고 유랑생활을 하며, 셋째는 농경생활을 하지 말고 유목생활을 하라는 것이었다(렘 35:6-7).

지금에 와서 그러한 규정이 현대생활에 적합한가의 여부는 차치하고, 중요한 것은 그들이 당시 300년이 지나도록 변함없이 조상이 정해준 그 규정을 순종하고 있었다는 점이다. 하나님은 저들의 그 순종하는 모습을 기뻐하신 것이다.

사실 선지자들을 부지런히 보내서 우상을 멀리하고 하나님의 말씀에 순종하기를 가르친 하나님의 명령을 거역하면서 살아온 이스라엘 백성들에 비하면 얼마나 대조가 되는가.

요나답은 이미 오래 전에 죽었으므로 레갑 족속에 있어서 어쩌면 영향력을 상실한 조상이었다. 그럼에도 불구하고 그들이 조상의 권위를 인정하고 그 규정을 지킬 수 있었다면 어제나 오늘이나 영원토록 변함없이 살아계신 하나님의 말씀을 받은 이스라엘 백성들은 어떻게 했어야 하겠는가?

하나님은 예레미야 선지자를 통하여 불순종하는 유다와 예루살렘 거민들을 책망하신 반면 조상의 교훈까지도 순종하며 하나님을 신실하게 섬긴 레갑 족속에게는 하나님 앞에 설 사람이 영영히 끊어지지 아니하리라는 큰 축복을 내리셨다(렘 35:17-19).

하나님은 그 족속의 수효가 많은가, 적은가 또는 그들이 과거에 이방 족속이었는가, 아닌가 하는 어떤 외부적인 조건을 보지 않았다. 시대와 상황이 바뀔 때마다 주관도 없이 타락한 현실에 타협하거나 야합하지 않고 하나님 앞에서 언제나 순종과 경건과 충성의 삶을 산 레갑 족속을 칭찬했다.

고지식하다는 소리를 들을 수 있다. 고루하고 융통성이 없다는 소리를 들을 수도 있다. 그러나 퇴폐한 세속에 야합하지 않고 경건하게 하나님을 섬기며 조상의 가르침에도 순종할 수 있었던 레갑 족속은 과연 용기 있는 사람들이 아닌가.

> "내 아들아, 나의 법을 잊어버리지 말고 네 마음으로 나의 명령을 지키라. 그리하면 그것이 네가 장수하여 많은 해를 누리게 하며 평강을 더하게 하리라"(잠 3:1-2).

4. 에벳멜렉의 용기

에벳멜렉은 유다의 마지막 왕 시드기야 시대에 왕궁에서 환관이라는 직위에 있었던 구스(오늘날의 에티오피아) 출신의 관리였다.

그는 예레미야 선지자가 시위대 뜰에서 바벨론에 항복하는 것만이 유다가 참화를 면하는 길이라 선포하므로 백성들에게 불안을 조성하고 바벨론에 항거하고 있는 백성들과 군사들의 사기를 떨어뜨린다는 죄목으로 물 없는 진흙 구덩이에 던져졌다는 소식을 들었다(렘 38:1-7). 이제 그대로 얼마동안 내버려두면 예레미야는 진흙 구덩이 속에서 굶어 죽게 된 것이다.

그럼에도 이 위기에 있는 예레미야에게 관심을 가지는 사람이 없었나. 사람들은 그가 마땅히 그러한 벌을 받아야 할 죄를 지었기 때문이라 인정하고 있었을 것이다.

이러한 때에 예레미야에게 관심을 가진 사람이 있었다. 에벳멜렉이었다. 그는 시드기야 왕 앞에 나아가서 탄원을 했다. 방백들이 예레미야에게 행한 모든 일은 악한 것이고 성중에도 식량이 떨어졌는데 진흙 구덩이에 던져진 예레미야는 어떻게 되겠느냐고 그의 신변을 염려했다. 동족인 유다 백성들은 그를 죽이려하는데 반하여 이방인 출신 에벳멜렉은 그를 살리려 한 것이다.

그는 분별력이 있었다. 예레미야를 진흙 구덩이에 던져 넣은 사람들이 불의한 일을 자행한 것을 알았다. 그는 의로웠다. 불의를 보고 자기의 안위만을 위하여 함구한 것이 아니라 왕 앞에 나아가 불의를 고발하고 억울하게 죽어가는 예레미야를 살리려 했다. 그는 용기가 있었다. 당시는 나라의 운명이 풍전등화와 같은 때라 왕권도 많이 약해져 있었다. 시드기야 왕조차 방백들의 고집을 꺾을 수 없어 예레미야를 저들의 소원대로 내어주어야 할 때였다(렘 38:5). 그리고 모든 사람들이 예레미야를 비겁한 자요, 매국적 인물로 매도하여 그를 가차 없이 죽음의 자리로 던져 넣었는데 그 상황에서 예레미야를 두둔하는 발언을 하고 그를 살리려 왕에게 나아가 탄원까지 한 것이다.

그는 결국 시드기야 왕의 허락을 받고 30명의 인원을 인솔하고 가서 헝겊과 낡은 옷으로 만든 밧줄을 구덩이에 내리어 안전하게 예레미야를 건져내는데 성공했다(렘 38:7-13).

용기 있는 사람은 사람을 두려워하지 않는다. 세상의 권세도, 많은 사람의 반대도 두려워하지 않는다. 진정으로 용기 있는 사람이 두려워하는 것은 하나님의 뜻을 저버리는 행위요, 정의가 불의에 의해 지배당하는 것이다.

하나님은 이 용기 있는 에벳멜렉에게 은혜를 베푸셨다. 예레미야의 예언대로 범죄하고 회개하지 않은 예루살렘 성은 바벨론에 함락되어 불타고 왕과 왕족과 귀족들은 죽거나 포로로 잡혀가는 상황에서 그만은 생명을 보존 받은 것이다(렘 39:15-18).

"사람아 주께서 선한 것이 무엇임을 네게 보이셨나니 여호와께서 네게 구하시는 것은 오직 정의를 행하며 인자를 사랑하며 겸손하게 네 하나님과 함께 행하는 것이 아니냐"(미 6:8).

5. 호세아의 용기

선지자 호세아는 분열왕국 북이스라엘 제 13대 여로보암 2세 때 북왕국을 중심으로 활동했다. 여로보암 2세는 강력한 통치력을 발휘하여 다윗과 솔로몬 당시의 모든 영토를 회복하고 북이스라엘 역사상 정치적으로 가장 강력하고, 경제적으로도 가장 번영을 누리는 나라를 만들었다. 그러나 불행스럽게도 그러한 물질적 번영에 뒤따른 것은 축복이 아니라 영적 타락이요, 도덕적 부패였다.

이러한 때에 하나님께서 호세아를 부르신 까닭은 어디에 있었을까. 하나님은 호세아를 들어서 이스라엘의 타락을 책망하며 그들이 돌이키지 않을 때는 여지없이 심판이 있을 것을 경고하고 그러나 하나님의 이스라엘을 향한 사랑은 무조건적임을 증언하도록 했다. 특이한 것은 하나님께서 호세아를 사용하실 때 호세아 본인뿐 아니라 그의 가정을 하나님의 뜻을 전하는 도구(道具)로 사용했다는 점이다. 이 과정에서 호세아는 자신의 가정을 하나님의 메시지로 내놓는 희생을 감수해야 했다.

어느 날 하나님은 호세아에게 "너는 가서 음란한 여자를 맞이

하여 음란한 자식들을 낳으라"고 하셨다(호 1:2). 성결한 선지자, 성결을 생명으로 하는 선지자에게 부도덕한 여인을 아내로 삼으라는 명령은 우리의 보편적 상식으로는 이해가 가지 않을 뿐더러 용납될 수 없는 명령일 수 있었다. 그러나 그것이 이 세대를 향한 하나님의 사랑을 증언하는 메시지일 때 호세아는 순종하여 음란한 여인 '고멜'을 아내로 맞이해야 했다.

호세아가 만약 자신의 정결을 이유로 음란한 여인을 취하는 것을 절대 용납할 수 없다고 한다면 거룩하신 하나님께서 우상숭배로 타락한 이스라엘을 사랑한다는 것도 절대 용납할 수 없는 일이지 않겠는가. 하나님께서 부패한 우리를 용납했다면 순결한 선지자 호세아도 음란한 여인 고멜을 용납해야 했던 것이다.

호세아가 자녀들을 낳자 하나님은 큰아들의 이름을 '하나님께서 흩으신다'는 뜻의 이스르엘로, 딸의 이름을 '긍휼히 여김을 받지 못하는 자'라는 뜻의 로루하마로, 작은 아들의 이름을 '내 백성이 아니다'라는 뜻의 로암미로 지으라 하셨다. 호세아로서는 자신의 사랑하는 자녀들에게 이런 저주스런 뜻이 담긴 이름을 지어주고 싶었겠는가? 그러나 그 이름에 범죄하고 타락한 이스라엘을 책망하는 메시지가 담겨있을 때 순종해야 했다. 하나님은 이스라엘이 회개할 때 '로루하마'가 '루하마', 즉 '긍휼을 입지 못한 자'가 '긍휼을 입은 자'가 되고 '로암미'가 '암미', 즉 '내 백성이 아니다'가 '내 백성이다'가 되게 하겠노라 했다(호 2:1, 2:23, 벧전 2:10).

음란한 여인 고멜이 어느 날 음란한 행위를 위하여 호세아의 가정을 떠나버렸다. 호세아로서는 충분히 이혼 조건이 성립되어 고멜과 결별할 수 있게 되었다. 그럼에도 불구하고 하나님은 호세아에게 고멜을 끝까지 사랑하라 하시지 않는가. 호세아는 그 명령에 순종하여 은 열다섯 개와 보리 한 호멜 반을 그의 정부(情夫)에게 주고 다시 사와야 했다. 하나님의 명령이긴 하지만 호세아로서는 그 일을 수행할 때 얼마나 자신이 비참하고 부끄러웠겠는가(호 3:1-2). 그러나 죄인을 위하여 십자가의 보혈로 죗값을 지불하신 그리스도 우리 주님을 예표적으로 증언하기 위해서는 순종해야 했다. 예수 그리스도 우리 주님은 고멜과 같은 우리를 구원하시기 위해서 십자가의 굴욕과 고통과 수치를 감수하지 않으셨는가!

호세아. 그는 자신의 생명이 하나님으로부터 왔고, 그의 선지자 직분과 사명이 하나님으로부터 왔고, 그가 외쳐야 할 메시지가 하나님으로부터 왔기에 자신과 자신의 가정과 모든 삶을 하나님께 온전히 바쳐 순종하는 용기를 보여주었다. 그 순종이 있었기에 오늘도 우리는 죄인을 사랑하신 하나님의 사랑, 우리의 죗값을 지불하시기 위해서 십자가를 지신 그리스도의 사랑을 성령의 조명에 따라 깨닫고 더욱 감격하고 있지 않는가!

> "너희가 알거니와 너희 조상이 물려 준 헛된 행실에서 대속함을 받은 것은 은이나 금 같이 없어질 것으로 된 것이 아니요, 오직 흠 없고 점 없는 어린 양 같은 그리스도의 보배로운 피로 된 것이니라"(벧전 1:18-19).

6. 요나의 용기(1)

지금으로부터 약 2,750여 년 전에 욥바 항을 출발하여 다시스로 항해하는 배 한 척이 있었다. 잔잔하던 바다에 갑자기 폭풍이 대작한 것은 이 배가 이미 육지에서 멀리 떠나 바다 한 가운데 떠 있을 때였다.

갑자기 일어난 폭풍에 배는 파선 직전에 이르렀고 선원들은 배의 안전을 위해서 모든 인간적인 수단과 방법을 동원하기 시작했다.

먼저 각자 자기들이 섬기는 신(神)을 불렀다. 그리고 바다가 그 신의 능력으로 잔잔하기를 기대했다. 그러나 바다는 조금도 나아지지 않았다. 이번에는 배 안에 실은 물건들을 바다에 던지기 시작했다. 거기에는 귀중품도 들어있었겠지만 배를 가볍게 하기 위해서는 할 수 없었다. 그것들이 제 아무리 귀중하다 하더라도 사람의 생명과 바꿀 수는 없지 않겠는가. 배의 안전과 사람의 생명을 위해서 그것들은 가차 없이 바다에 던져졌다. 그럼에도 불구하고 이들의 인간적 수단과 노력을 비웃기라도 하듯 바다는 더욱 흉용해져서 사람들을 공포의 도가니에 몰아넣고 있었다.

그런데 이처럼 모두가 불안에 떨고 공포에 질려있는 위기에서도 배 밑층에 내려가 깊이 잠이 든 사람이 있었다. 선지자 요나였다.

선장이 내려가서 그를 깨웠고 사람들은 모여서 제비를 뽑았다. 과연 이 갑작스런 재앙이 누구 때문에 일어났는가를 알아내기 위함이었다. 이제는 그 재앙의 원인을 찾아서 그것을 제거하므로 신의 진노를 가라앉히고자 하는 마지막 방법을 강구한 것이다.

제비는 사람이 뽑으나 모든 일을 작정하기는 여호와께 있다고 했지 않은가(잠 16:33). 제비는 정확히 요나에게 뽑혔다.

사람들의 시선이 요나에게 집중되었다. 그리고 도대체 이 재앙이 무슨 연고로 우리에게 임했는가를 실토하라고 했다. 인간적인 수단이 통하지 않아 다급해진 이 마당에 요나로서는 자신의 말 한마디에 따라서 자신의 운명이 결정되는 순간이었다.

"나는 히브리 사람이요, 바다와 육지를 지으신 하늘의 하나님 여호와를 경외하는 자로라"(욘 1:9).

요나는 일단 자신의 신분을 밝힌 뒤에 자신은 니느웨로 가서 회개의 복음을 선포하라는 하나님의 명령을 어기고 지금 다시스로 도망치고 있었음을 고백했다. 이런 생명의 위기 앞에서 자신에게 불리한 대답을 정직하게 고할 수 있는 사람이 얼마나 있을까.

인류 최초의 살인자 가인은 자기 동생 아벨을 죽이고 하나님께서 "네 아우 아벨이 어디 있느냐?"고 물으니까 "내가 알지 못합니다. 내가 내 아우를 지키는 자입니까?"하고 대답했다(창 4장).

선지자 엘리사의 사환 게하시는 아람나라 군대장관 나아만이 엘리사에게 찾아와서 문둥병을 고침 받고 들어갈 때 그의 뒤를 좇아가서 우리 주인(엘리사)이 사례를 요구한다고 거짓말하고 은 두 달란트와 옷 두벌을 받아왔다. 이를 본 엘리사가 "네가 어디서 오느냐?"고 물으니까 "종이 아무데도 가지 않았습니다."라고 천연덕스럽게 대답했다(왕하 5장).

초대교회의 아나니아와 삽비라 부부는 자기 소유의 땅을 팔아서 일부는 감추고 일부만 가지고 베드로 사도 앞에 가서 전체를 가지고 온 것처럼 거짓말을 했다(행 5장).

얼마나 많은 사람들이 지금도 사소한 이득을 위해서 양심을 속이고, 순간적으로 위기를 모면하기 위해서 거짓을 말하고 있는가. 그러나 그 진실하지 못한 행위로 해서 가인은 그 땅에서 피하여 유리하는 벌을 받게 되었고 게하시는 자신 뿐 아니라 대대로 나병환자가 되었고 아나니아와 삽비라 부부는 베드로 사도의 책망을 듣는 순간 생명을 잃었다.

요나, 그는 비록 자신의 편견 때문에 하나님의 명령을 어긴 사람이었지만 그러나 생명의 위기 앞에서도 자신의 양심은 속이지 못했고 사람들 앞에서 정직했다.

그 누가 말했다던가. 사람이 반드시 존재할 이유는 없어도 존재하는 이상 반드시 진실할 필요는 있다고. 그렇다. 정직은 생명과도 바꿀만한 가치가 있다.

"하나님이여 내 속에 정한 마음을 창조하시고 내 안에 정직한 영을 새롭게 하소서"(시 51:10).

7. 요나의 용기(2)

잘못을 솔직히 인정하고 그 책임을 질 수 있다면 그는 용기 있는 사람이다.

요나는 정직한 선지자였다. 그가 비록 자신의 조국 이스라엘의 적대국으로 가라는 이유 때문에 니느웨에 가서 회개의 복음을 선포하라는 하나님의 명령을 어기고 다시스로 도피하고는 있었지만 바다 가운데서 갑자가 만난 폭풍의 원인을 남에게 돌리지 않았다. 자기 일신의 안전과 그리고 그 위기를 모면하기 위해서 침묵하지도 않았고 더구나 거짓말을 하지도 않았다.

그는 바다와 육지를 지으신 하늘의 하나님 여호와를 경외하는 사람으로 하나님의 명령을 거역할 때 어떤 결과가 온다는 것을 누구보다 잘 알았기 때문에 이 갑자기 일어난 폭풍이 바로 자신에게 원인이 있다는 것을 알았다.

그러나 이런 경우 얼마나 많은 사람들이 비겁해지는가. 침묵으로 일관하므로 나는 아니라는 뜻을 소극적으로 나타내는 사람도 있고 나중에 사실이 밝혀지는 한이 있더라고 우선은 위기를 벗어나기 위해서 보다 적극적으로 나는 아니라고 외치는 사람도 있다.

우리는 또 이런 경우 그 탓을 남에게 돌리는데 얼마나 익숙해져 있는가. 아담은 선악을 알게 하는 나무의 실과를 하나님이 주셔서 나와 함께하게 하신 하와가 내게 줌으로 먹었다고 했고 하와는 뱀이 꾐으로 먹었다고 했다. 사울 왕은 아말렉 사람들을 진멸하되 다 없어지기까지 치라 하셨는데 왜 하나님의 목소리를 청종치 않았느냐고 묻는 사무엘에게 나는 여호와의 목소리를 청종했는데 다만 백성이 그 마땅히 멸할 것 중에서 가장 좋은 것으로 하나님께 제사하려고 양과 소를 남겨두었다고 했다(삼상 15:17-21).

우리는 어떤가? 가정의 불화가 있다면 그 원인은 내가 아니라 당신 때문이고 교회가 부흥하지 못한 이유도 내가 아니라 당신들 때문이다. 나라가 도덕적으로 퇴폐해진 원인도 내가 아니라 정치인들 때문이요, 선생님들 때문이요, 재벌들 때문이요, 아무튼 남들 때문이다. 반대로 가정이 화목하다면 그 원인은 당신이 아닌 내 노력 때문이요, 교회가 성장한 것은 역시 당신들 때문이 아니라 내 공로 때문이다.

그러나 요나는 그렇지 않았다. 그는 생명의 위기 앞에서도 이 폭풍의 원인이 자기에게 있음을 솔직하게 고백하고 무리들이 두려워하며 "우리가 너를 어떻게 하여야 바다가 우리를 위하여 잔잔하겠는가?" 라고 물었을 때 "나를 들어 바다에 던지라"고 했다.

그렇다. 요나가 잘못을 솔직히 인정하고 바다에 던져졌을 때 풍랑이 멎은 것처럼 내가 책임을 지고 죽는 그 자리에 내 가정과 우리 교회와 우리 사회에 평화가 찾아오고, 내가 책임을 지고 죽는 그 자리에서 주님의 영광이 드러나는 것이다.

"나를 들어 바다에 던지라. 그리하면 바다가 너희를 위하여 잔잔하리라. 너희가 이 큰 폭풍을 만난 것이 나 때문인 줄을 내가 아노라"(욘 1:12).

여러 사람이 나 한 사람을 위하여 참고 희생할 것이 아니라 나 한 사람의 당연한 희생으로 여러 사람이 평안하기를 구했던 요나, 책임을 통감하고 비장하게 외치는 요나의 이 외침이 진정으로 그리운 시대에 우리는 지금 살고 있다.

> "형제들아 내가 그리스도 예수 우리 주 안에서 가진 바 너희에 대한 나의 자랑을 두고 단언하노니 나는 날마다 죽노라"(고전 15:31).

8. 다니엘의 용기(1)

다니엘은 유다왕국의 귀족 출신으로 B.C. 605년, 바벨론 왕 느부갓네살의 제 1차 유다 침입 당시 바벨론에 포로로 잡혀간 사람이다.

바벨론 제국은 주변의 여러 나라를 점령하고 그 속국들의 왕족과 귀족의 자제들을 선발하여 왕궁에서 훈련하고 교육시켰다. 이때의 선발 기준은 왕족이나 귀족의 자제라는 가문 외에도 용모가 아름답고 재주가 있으며 학문적 지식도 갖춘 영재여야 했다.

이는 아마 저들을 볼모로 잡아 둠으로 해서 속국들이 반란을 일으키는 것을 방지하고자 하는 의도도 있었겠지만 무엇보다 인재들을 활용하여 각 속국들을 효율적으로 통치하기 위함이있다.

여기에 선발된 사람들은 특별한 대우를 받았다. 우선 교육내용이 갈대아의 학문과 언어였고 공급되는 음식은 왕이 먹고 마시는 진수성찬과 포도주였으며 매일 필요로 하는 일용품도 부족함이 없도록 제공되었는데 그 훈련기간은 3년이었다. 포로로 잡혀온 사람으로서는 엄청난 특혜가 아닐 수 없었다.

그러면 왜 바벨론의 느부갓네살 왕은 저들에게 이런 특혜를 베풀면서까지 인재를 양성했는가? 각자 자기 민족을 잊어버리게 하기 위함일 수도 있다(Calvin). 특수훈련을 통하여 바벨론식 생활에 속히 익숙해지고 특별한 혜택을 주어서 왕에게 절대복종하며 섬기도록 하기 위함이기도 했을 것이다.

그러나 어쨌든 이때 유다를 대표해서 선발된 사람이 다니엘이었고 그의 친구들인 사드락과 메삭과 아벳느고였다. 그들은 다른 사람들과 마찬가지로 포로 된 백성으로서 바벨론의 정책과 교육에 무조건 순종해야 했다. 이를 거절한다는 것은 정복민족의 권세 앞에서 감히 상상할 수 없는 일이었다.

그런데 그럼에도 불구하고 다니엘은 뜻을 정하고 왕이 내려주는 진수성찬을 거절했다. 음식을 맡은 책임자에게 자신은 왕의 진미(珍味)대신에 채식을 먹고 포도주 대신에 물을 마시겠다고 했다.

왜 그랬을까? 왜 다니엘은 왕이 내려주는 진수성찬을 거절하고 채식을 고집했을까? 정확하다고는 할 수 없어도 추측은 가능하다.

왕이 내려주는 음식에 피가 섞여 있었을 가능성이 있다. 그렇다면 그 음식을 먹는다는 것은 율법에 금하는 것이다(신 12:20-25). 그 음식에는 율법에서 금하는 부정한 동물의 고기가 섞여 있었을 가능성도 배제할 수 없다. 그렇다면 역시 율법을 어기는 행위가 될 것이다(레 11:1-23). 그러나 대체적으로 그 음식은 바벨론의 우상에게 바쳐졌던 음식일 것으로 간주하는 것이 지배적인 학설이다. 그렇다면 그것 역시 거룩한 백성으로서는 순종할 수 없는 행위가 아닌가(고전 10:28).

바벨론의 언어와 학문을 배우는 것이 그의 신앙에 어떤 하자를 가져다주지는 않는다. 그러나 그의 신앙양심은 어떤 환경에 처했다 할지라도 거룩한 백성이 부정한 음식을 먹음으로서 자기를 더럽히는 행위를 할 수 없었고 그가 비록 포로 된 백성일지라도 하나님의 뜻인 율법을 어기면서까지 바벨론의 권세에 복종할 수는 없었다. 과연 그는 몸은 죽여도 영혼은 능히 죽이지 못하는 자들을 두려워하지 않고 오직 몸과 영혼을 능히 지옥에 멸하시는 하나님만 두려워 한 사람이었다(마 10:28).

그러나 지배국 바벨론의 입장에서 보면 다니엘의 그런 행위는 일종의 반항 행위였다. 첫째는 지엄한 왕명을 거역하는 처사요, 또한 그 음식이 지배국의 신(神)에 바쳐졌던 음식일진대 그 제물을 거부하는 것은 그 신(神)을 거부하는 것이요, 그 신(神)에게 복종하지 않겠다는 뜻이 아니겠는가.

어찌 정복당한 민족이요, 포로 된 백성으로 그런 반항을 할 수 있겠는가. 다니엘의 이 강력한 의지는 저들에게 음식을 제공하는 책임을 맡은 환관장을 당황하게 만들었다. 만약에 왕의 진미(珍味) 대신 채식을 먹고 저들의 얼굴이 초췌해지면 자신은 왕명을 어긴 책임을 면할 길이 없지 않은가.

결국 다니엘의 제의에 하나님의 은혜를 입은 환관장은 동의를 했는데 그것은 열흘 동안만 왕의 진미와 포도주 대신 채식과 물을 먹어서 규정대로 식사를 한 다른 사람들과 비교를 해보자는 것이었다.

그런데 그 결과는 어떻게 나타났는가? 왕의 진미를 먹은 사람들보다 채식을 한 다니엘의 얼굴이 더 아름답고 윤택해 있었다.

그뿐인가, 하나님을 경외하는 다니엘은 다른 모든 사람들보다 지혜와 학문과 재주에 있어서 월등하게 뛰어났던 것이다.

과연 하나님은 하나님의 계명을 지키기 위해서 위험을 무릅쓰고, 뜻을 정하여 진실하고 경건하게 살고자 했던 용기 있는 사람을 보호하셨다. 모름지기 성도는 오늘날도 율법을 문자적으로 준수할 필요는 없다 할지라도 거룩과 성결을 지키고 유지해야 한다는 정신은 계승해야 하지 않겠는가. 그리고 그러기 위해서 필요한 것은 역시 문란한 이 세대를 본받지 않는 용기다.

> "너희는 이 세대를 본받지 말고 오직 마음을 새롭게 함으로 변화를 받아 하나님의 선하시고 기뻐하시고 온전하신 뜻이 무엇인지 분별하도록 하라"(롬 12:2).

9. 다니엘의 용기(2)

다니엘은 바벨론에 포로로 잡혀가 바벨론제국이 메대와 바사 연합국에 의해서 멸망된 뒤(B.C.539) 바사의 고레스 왕 이후까지 이국(異國)에서 활동했다.

그가 포로 된 백성으로 정복국 바벨론에서 중용된 것도 대단한 일인데 그 바벨론이 망하고 새로운 정복국이 된 바사에서도 계속 신임을 얻을 수 있었다는 사실은 그의 인물됨이 어떠했을 것이라는 것을 짐작케 한다. 그러나 무엇보다 어떤 상황에서도 변함없이 신앙지조를 지킨 그에게 베푸신 하나님의 은혜였다고 보아야 할 것이다.

다니엘은 바사가 통일국가를 이루기 전 메대와 바사의 과도세국시대(약 2년 동안) 즉, 메대의 다리오 왕 때 총리로 있었다. 다리오 왕은 전국을 120개 도(道)로 나누어 각기 고관을 두어 다스리고 그 위에 세 명의 총리를 두었는데 다니엘은 그 중의 하나였다. 그런데 그 세 명의 총리 중에서도 다니엘이 가장 총명하고 모든 면에서 뛰어남으로 다리오 왕은 그를 수석총리로 삼고자 했다.

그러나 이 세상에는 언제나 신임을 받는 사람에게 질투와 시기하는 사람들이 따르기 마련이 아니던가. 다른 총리들과 방백들이 이 유다 사람의 신임을 시기하고 못마땅하게 여긴 것은 어쩌면 당연한 일이었는지 모른다.

처음에 그들은 다니엘이 국사(國事)를 처리하는 과정에서 어떤 잘못이나 부정이 있었는가 하고 샅샅이 조사해 보았다. 그러나 거기에서 그들은 단 하나의 비리나 흠을 발견해 내지 못했다.

결국 정상적인 방법으로 그를 고발할 길이 없음을 안 그들은 흉계를 모의하게 되었는데 저들이 합의한 것은 그의 신앙생활과 결부시키자는 것이었다.

저들은 드디어 합의된 사항을 다리오 왕에게 건의했다. 그 내용은 지금부터 30일 동안 누구든지 왕 외에 어느 신(神)에게나 사람에게 기도하는 자가 있으면 사자 굴에 던져 넣기로 하자는 것이었고 이 금령에 왕의 도장을 찍어 공포하자는 것이었다.

저들의 흉계를 알지 못한 다리오왕은 자신의 왕권을 강화하고자 하는 목적인 줄만 알고 저들의 건의대로 왕의 도장을 찍어 공포를 했다. 이제 그 법은 메대와 바사의 규정대로 변개할 수 없게 되었다.

그러나 그 엄격한 금령도 다니엘의 신앙까지 묶어둘 수는 없었다. 다니엘은 그 조서에 왕의 도장이 찍힌 것을 알면서도 집으로 돌아와 윗방에 올라가 예루살렘으로 향한 창문을 열고 예전부터 행하던 대로 하루에 세 번씩 무릎을 꿇고 하나님께 기도하며 감사를 했다(단 6:10).

경건한 유대인들은 하루에 세 번씩 기도하는 습관이 있었다. 다니엘은 자신이 비록 지금 거룩한 하나님의 성전을 찾아갈 수는 없으나 거룩하신 하나님을 사모하는 열정 때문에 예루살렘 성전이 있는 곳을 향하여 무릎을 꿇고 기도를 했던 것이다. 그는 자기를 시기하는 자들의 음모에 아랑곳하지 않고 평소의 신앙을 지켰고 자신의 이 행동이 어떤 결과를 야기할 것이라는 것을 알면서도 감사의 기도를 드렸다.

아니나 다르랴, 다니엘을 시기하고 질투하여 음모를 꾸몄던 자들의 각본대로 다니엘의 기도하는 모습은 발견되었고 그 사실은 곧 다리오 왕에게 고발되었다. 이제 다니엘은 사자 굴에 던져져야 했다. 다니엘을 아꼈던 다리오 왕으로서는 마음에 심한 근심도 일어났고 그래서 그를 위기에서 건져내고자 노력도 해보았지만 절대 번복할 수 없다고 하는 메대와 바사의 규례를 들고 완강하게 형 집행을 촉구하는 신하들에게 굴복할 수밖에 없었다. 무죄한 다니엘이 악인들의 간교한 음모에 희생되게 된 것이다.

참으로 우리를 슬프게 하는 것은 이와 같은 불행한 일들이 우리 사회에서는 지금도 여전히 자행되고 있다는 사실이다. 왜 이 세상에는 악한 무리의 무고와 시기와 참소가 있어서 의롭고 경건한 사람이 괴로움을 당해야 하는가. 왜 악인이 득세하고 경건한 사람들이 오히려 고난을 당해야 하는가.

그러나 악인의 모함 때문에 경건생활을 포기할 수 없다. 우리는 악인의 박해 때문에 믿음이 연약해 질 수는 없다. 왜냐하면 언제, 어느 때든지 이 세상에는 의인의 경건생활을 방해하고 의로운 행위를 저지하던 무리들이 존재해 있었고, 그러나 그것 때문에 의(義)

가 사라지고 경건한 사람들이 없어진 일은 없었기 때문이다. 오히려 불의가 난무하는 시대에 의로운 사람의 용기는 더욱 선명하게 드러났지 않은가! 또한 우리는 공의의 하나님이 불의가 영원히 승리하도록 묵과하지 않는다는 사실을 아는 것이다.

사자 굴에 던져졌던 다니엘은 이튿날 조금도 상해를 입지 않고 밖으로 나왔다. 하나님께서 천사를 보내어 사자들의 입을 봉해주었기 때문이었다. 그렇지만 다니엘을 참소했던 자들이 사자 굴에 던져졌을 때는 그들이 굴 바닥에 닿기도 전에 그 뼈까지 부수뜨림을 당했다.

과연 믿음으로 위기를 극복했을 때 하나님의 역사가 드러났다. 불신자였던 다리오왕은 새로운 조서를 내려 전국에 공포했다.

"내 나라 관할 아래에 있는 사람들은 다 다니엘의 하나님 앞에서 떨며 두려워할지니 그는 살아계시는 하나님이시요, 영원히 변하지 않으실 이시며 그의 나라는 멸망하지 아니할 것이요, 그의 권세는 무궁할 것이며 그는 구원도 하시며 건져내기도 하시며 하늘에서든지 땅에서든지 이적과 기사를 행하시는 이로서 다니엘을 구원하여 사자의 입에서 벗어나게 하셨음이니라"(단 6:26-27).

다니엘의 믿음의 용기는 불신자 다리오 왕을 감동시켜 그 입으로 살아계신 하나님을 증언케 하였던 것이다.

> "의인은 고난이 많으나 여호와께서 그의 모든 고난에서 건지시는도다"(시 34:19).

10. 사드락과 메삭과 아벳느고의 용기

하나냐와 미사엘과 아사랴는 유다가 멸망할 때 바벨론에 포로로 잡혀간 젊은이들이었다. 이들은 유다의 귀족 출신으로 인품과 재주와 학문이 뛰어났다.

바벨론의 느부갓네살 왕은 정책적으로 이들에게 3년 동안 왕이나 먹는 음식과 포도주를 주어 먹고 마시게 하며, 바벨론의 말과 학문을 배우도록 했다. 그리고 본래의 이름을 고쳐 하나냐는 사드락으로, 미사엘은 메삭으로, 아사랴는 아벳느고로 부르게 했다. 이는 장차 그들을 잘 육성하여 바벨론을 위한 일꾼으로 사용하기 위해서였다.

과연 이들은 지혜로운 인물들이라 3년 동안의 훈련을 마쳤을 때는 누구보다 뛰어난 재목들이 될 수 있었다.

그런데 이들에게 문제가 생겼다. 느부갓네살 왕이 높이가 60규빗이요, 광이 6규빗이나 되는 거대한 금 신상을 만들어 세우고 그 낙성식에 모든 관리들이 참여토록 한 것이다. 그리고 주악이 울려 퍼질 때 모두가 그 신상 앞에 엎드려 절을 하도록 했다. 만약 누구든지 이 명령을 거역할 때는 극렬히 타는 용광로 속에 던져 넣겠다는 벌칙 규정도 반포해 놓았다. 왕권을 강화하기 위한 이 지엄한 명령에 어느 누가 거역할 수 있었겠는가. 모두가 그 앞에서 부복하고 절했다.

그럼에도 불구하고 그 앞에 무릎 꿇지 않은 사람들이 있었으니 곧 사드락과 메삭과 아벳느고였다. 그들은 포로 된 자로서 다른 모든 명령을 들을 수 있어도 하나님 외에 다른 신을 섬기지 말라는 계명을 어길 수는 없었다. 그렇잖아도 지금까지 신앙지조를 지키기 위해서 왕이 주는 음식을 거절하고 채식을 고집했던 사람들이 아니었는가.

이 사실은 곧 그들을 시기하는 자들에 의해서 느부갓네살 왕에게 전달되었고 그들은 느부갓네살 왕 앞에 끌려가게 되었다. 느부갓네살 왕의 회유와 위협은 즉시 시작되었다.

"너희가 내 신을 섬기지 아니하며 내가 세운 금 신상에게 절하지 아니한다 하니 사실이냐? 이제라도 너희가 준비하였다가 나팔과 피리와 수금과 삼현금과 양금과 생황과 및 모든 악기 소리를 들을 때 내가 만든 신상 앞에 엎드려 절하면 좋거니와 너희가 만일 절하지 아니하면 즉시 너희를 맹렬히 타는 풀무불 가운데에 던져 넣을 것이니 능히 너희를 내 손에서 건져낼 신이 누구이겠느냐?" (단 3:14-15).

그러나 사드락과 메삭과 아벳느고의 대답은 단호했다.

"느부갓네살이여 우리가 이 일에 대하여 왕에게 대답할 필요가 없나이다. 왕이여 우리가 섬기는 하나님이 계시다면 우리를 맹렬히 타는 풀무불 가운데에서 능히 건져내시겠고 왕의 손에서도 건져내리시이다. 그렇게 하지 아니하실지라도 왕이여, 우리가 왕의 신들을 섬기지도 아니하고 왕이 세우신 금 신상에게 절하지도 아니할 줄을 아옵소서”(단 3:16-18).

느부갓네살 왕은 저들이 풀무불에서 살아나올 수 없을 것이라 했다. 그러나 사드락과 메삭과 아벳느고는 살아나올 수 있다고 했다. 느부갓네살 왕은 자기의 상식을 말했고 세 청년은 전능하신 하나님을 믿었다. 그도 그럴 것은 느부갓네살 왕은 자기가 만든 금 신상을 섬겼고 세 청년은 천지를 창조하신 하나님을 믿었기 때문이었다.

느부갓네살 왕은 육신의 생명은 귀한 것이니 금 신상에 절하고 복종하는 것이 좋을 것이라 했다. 그러나 세 청년은 거절했다. 하나님께서 건져내 주지 않아도 금 신상에 절하는 행위는 않겠다고 했다. 그것은 육신의 생명을 귀하게 여기지 않아서가 아니라 영원한 생명을 믿었기 때문이었다.

하나님은 이처럼 풀무불 속에 들어가는 위협 속에서도 신앙지조를 지킨 세 청년을 보호해 주셨다. 그들을 붙들고 풀무에 던지던 사람들은 타죽었어노 성삭 풀무불 속에 던져신 청년들은 화상은커녕 수염 한 터럭도 그슬리지 않고 나왔다. 과연 하나님은 저들을 불 가운데서도 타지 않고 불꽃이 사르지 못하도록 하신 것이다(사 43:2).

금은 용광로 속에서 연단되고 신앙은 불같은 시험과 환난 속에서 굳어지는 게 아닐까. 그러나 무엇보다 생명의 위협 앞에서도 신앙절개를 지킬 수 있는 사람은 참으로 용기 있는 사람이다.

"네가 물 가운데로 지날 때에 내가 너와 함께 할 것이라 강을 건널 때에 물이 너를 침몰하지 못할 것이며 네가 불 가운데로 지날 때에 타지도 아니할 것이요, 불꽃이 너를 사르지도 못하리니 대저 나는 여호와 네 하나님이요, 이스라엘의 거룩한 이요, 네 구원자임이라…"(사 43:2-3).

11. 에스더의 용기

세속적인 말 중에 "사람 팔자 시간문제"라는 말이 있지만 이국 땅 바사 나라에서 조실부모하고 사촌오빠인 모르드개의 집에서 자란 에스더가 어느 날 아하수에로 왕의 왕비가 되어 왕궁에 들어갈 줄은 누가 알았겠는가.

왕비였던 와스디가 왕명을 어기고 부르심을 거절한 죄로 폐위되고 전국에서 용모가 아름다운 새로운 왕비를 뽑았는데 에스더가 선택된 것이다. 그가 이곳에 포로로 잡혀온 약소민족의 여인이라는 신분으로 일약 한 나라의 왕후가 되었다는 것은 말할 수 없는 영광이요, 행운이 아닐 수 없었다. 그런데 그 영광과 행운의 자리가 감당하기 어려운 고민의 자리가 될 줄은 또 누가 알았겠는가.

아하수에로 왕 밑에 하만이라는 왕 다음가는 권력자가 있었다. 누구나 그 앞에서는 무릎을 꿇고 절을 하여야 했다. 물론 그것이 왕명이기도 했다. 그런데 유독 왕후 에스더의 사촌오빠인 모르드개만은 그에게 무릎을 꿇지 않고 절도 하지 않았다. 그는 대쪽 같은 성품에다 하나님 외에 사람에게 영광을 돌리는 것을 마땅치 않게 여겼기 때문이었다. 이 태도는 곧 하만의 미움을 사서 그를 분노케 했고 그의 증오의 감정은 유대인인 모르드개 뿐 아니라 전국에 흩어져 사는 유대인 전체를 학살하려는 음모를 꾸미게 만들었다.

하만은 아하수에로 왕에게 유대인들이 우리 민족의 법을 지키지 않는다는 무고를 하여 유대인들을 학살해도 좋다는 허락을 받고 12월 13일 하루 동안에 유대인 전체를 진멸하고 재산을 탈취하라는 조서까지 받아 두었다.

이 사실은 전국에 흩어져 사는 유대인들에게 있어서 청천벽력과 같은 것이었다. 모든 유대인들은 애통하며 금식에 들어갔고 많은 사람이 베옷을 입고 재에 누웠다. 물론 왕비 에스더의 오빠인 모르드개도 대궐 앞 광장에서 베옷을 입고 통곡을 했다. 그러나 풍전등화와 같은 이 민족의 위기를 구중궁궐에서 외부와 접촉을 하지 못하고 사는 에스더는 알지 못했다. 나중에 시녀와 내시를 통해서 겨우 이 사실을 알게 되었고 오빠인 모르드개로부터는 왕 앞에 나아가 이 억울함을 탄원하라는 부탁을 받았다. 그러나 그것은 당시 상황에서 그렇게 쉬운 일이 아니었다. 왕비라 할지라도 에스더에게는 감당하기 어려운 고민거리였다.

당시 바사의 국법은 왕의 부름을 받지 않고는 그 누구도 왕 앞에 나아갈 수가 없었다. 만약 허락을 얻지 않고 나아갔다가 왕이 기쁘게 여기면 다행이지만 그렇지 않을 경우는 그가 비록 왕후라 할지라도 죽임을 당해야 했다.

어떻게 해야 하는가. 자신의 안위만을 위한다면 모른 체하고 지나쳐야 한다. 그러나 민족을 위해서는 반드시 왕 앞에 나아가서 하만의 음모를 폭로해야 했다. 그런데 그것이 생명을 걸어야 하는 일이 아닌가. 더구나 오빠는 이 긴급한 상황에서 에스더를 압박했다.

"너는 왕궁에 있으니 모든 유다인 중에 홀로 목숨을 건지리라 생각하지 말라. 이때에 네가 만일 잠잠하여 말이 없으면 유다인은 다른 데로 말미암아 놓임과 구원을 얻으려니와 너와 네 아버지 집은 멸망하리라. 네가 왕후의 자리를 얻은 것이 이때를 위함이 아닌지 누가 알겠느냐"(에 4:13-14).

이런 경우 어떻게 처신해야 하는가. 에스더는 먼저 하나님을 의지할 수밖에 없었다. 모든 유대인들에게 자신을 위해서 밤낮 3일 동안 금식해 줄 것을 부탁하고 자신도 금식한 뒤에 왕 앞에 담대히 나아갔다. 그의 결심은 죽으면 죽으리라는 것이었다.

아, 그런데 아하수에로 왕은 에스더를 본 순간 사랑스러워 하면서 그를 맞아주었다. 규례를 어기고 나아갔는데도 아하수에로 왕은 그를 반기면서 "네 소원이 무엇이냐? 나라의 절반이라도 그대에게 주겠노라"고 하는 게 아닌가.

하나님만을 의지하고 죽으면 죽으리라는 결심을 가지고 나아갔을 때 하나님은 아하수에로 왕을 감동시키고 하만의 악한 계획을 무력화시켜 버렸다. 오히려 하만은 모르드개를 매달아 죽이려 준비해 두었던 50규빗이나 되는 장대에 자신이 매달리는 신세가 되었다.

자신의 안위만을 위한다면 모세는 애굽의 왕실에서 바로의 공주의 아들로 만족했을 것이고 바울은 그 모든 세속적 자랑거리를 배설물로 여기고 버리지는 않았을 것이다. 예수 그리스도께서는 왜 하늘나라 영광된 보좌를 버리시고 오셨는가?

일신의 영광과 안일을 버리고 이웃과 민족을 위하여 자신과 자신의 모든 것을 버릴 수 있다면 그는 진정 용기 있는 사람이 아니겠는가.

> "…나도 나의 시녀와 더불어 이렇게 금식한 후에 규례를 어기고 왕에게 나아가리니 죽으면 죽으리이다 하니라"(에 4:16).

12. 모르드개의 용기

모르드개는 베냐민 자손으로 일찍이 유다가 멸망할 때 여고냐와 함께 바벨론에 포로로 잡혀왔다(에 2:5-6). 그가 바벨론에 잡혀와서 잘한 일이 두 가지가 있었다. 하나는 가정적인 일로 부모를 잃은 사촌동생 에스더를 자식을 양육하듯 곱게 키워 마침 아하수에로 왕이 왕의 부름에 응하지 않은 교만한 왕비 와스디를 폐출하고 새로운 왕비를 간택할 때 그 뒤를 이어 왕후가 되도록 한 일이고, 다른 하나는 왕궁 문지기 두 사람이 공모하여 아하수에로 왕을 암살하려는 음모를 미리 발견하고 고발함으로 왕을 위기에서 건져낸 일이다(에 2:21-22).

당시 바사 나라의 총리대신은 하만이라는 사람이었다. 왕은 하만의 지위를 높이 올려 함께 있는 모든 대신 위에 두고 대궐 문에 있는 모든 왕의 신하들이 다 그에게 꿇어 절하도록 했다. 그러나 모르드개 만은 그 앞에 절하지도 않았고 굴복하지도 않았다. 그는 비록 자신이 피정복민이요, 유다에서 포로로 잡혀온 사람이지만 교만한 하만에게 엎드려 절할 수는 없다고 생각했다.

이런 태도가 하만에게 미움을 받게 되어 모르드개는 위기를 만나게 되었다. 하만은 이참에 모르드개 뿐 아니라 유대인 전체를 멸하고자 하여 아하수에로 왕에게 청원을 했다. 죄명은 유다 민족이 왕의 법률을 지키지 않는다는 것이었는데 이는 물론 무고였다.

그러나 아하수에로 왕은 하만의 청원을 받아드려 12월 13일에 전국에 있는 유다인을 남녀노소 할 것 없이 도륙하고 그 재산을 탈취하라는 조서를 내리게까지 되었다.

유다인들에게는 일촉즉발의 위기가 찾아온 것이다. 그러나 이 사정을 구중궁궐에 있는 왕비 에스더는 알 수가 없었다. 후에 내시 하닥으로부터 사정을 알았지만 당시 바사의 국법은 왕후라 할지라도 왕이 허락지 않는데 왕 앞으로 나아갈 수 없도록 되어 있었다. 만약 왕이 부르지 않았는데 왕 앞으로 나아갔다가 받아주면 다행이지만 그렇지 않을 땐 죽임을 당해야 했다.

이런 이유로 왕 앞에 나아가서 사실을 고하여 유다 민족을 구하라는 모르드개의 부탁에 난색을 표하는 에스더에게 모르드개는 이렇게 전했다.

"너는 왕궁에 있으니 모든 유다인 중에 홀로 면하리라 생각하지 말라. 이때에 네가 만일 잠잠하여 말이 없으면 유다인은 다른 데로 말미암아 놓임과 구원을 얻으려니와 너와 네 아버지 집은 멸망하리라. 네가 왕후의 자리를 얻은 것이 이때를 위함이 아닌지 누가 알겠느냐"(에 4:13-14).

이 간절한 권고를 듣고 에스더는 3일 금식 후 죽으면 죽으리라는 각오를 가지고 아하수에로 왕에게 나아갔고 다행이 맞아주는 왕에게 하만의 궤계를 폭로하여 유다 민족을 위기에서 건져냈을 뿐 아니라 하만이 모르드개를 달아 죽이려 했던 50규빗이나 되는 나무에 하만 자신이 달려 죽게 했다.

모르드개의 용기는 하나님을 철저하게 의지하는 믿음에서 나왔다. 그는 민족의 위기 앞에서도 하나님은 어떤 방법으로든 구원해 주실 것을 믿었고 에스더가 왕후가 된 것은 이런 위기를 위해서였을 것으로 믿은 것이다. 그는 비록 피정복민이었지만 비겁하지 않았다. 그는 강한 사람에게 약하고 약한 사람에게 강한 비굴한 사람이 아니었다. 그는 권세가 잘못 사용되는 앞에서 굴복하지 않고 당당히 맞섰다.

그런 그에게 하나님은 함께 하셔서 지난 날 왕의 목숨을 건져 준 일이 밝혀지면서 새롭게 바사 나라의 재상이 되는 영예를 안게 되었다. 위기를 극복하면 기회가 온다는 교훈을 주는 게 아닌가. 신앙 안에서 용기 있는 사람이 쓰임 받는다는 사실을 모르드개는 증명해 주고 있는 것이다.

"주께서 심지가 견고한 자를 평강하고 평강하도록 지키시리니 이는 그가 주를 신뢰함이니이다"(사 26:3).

13. 느헤미야의 용기

느헤미야는 바사제국 아닥사스다왕 1세의 궁궐에서 왕의 신임을 받는 술 관원이었다. 어느 날 그는 아우인 하나니로부터 예루살렘에 남아 있는 백성들이 큰 환난을 당하고 예루살렘성이 허물어졌으며 성문은 불타버렸다는 소식을 듣게 되었다. 그는 이 불행한 소식을 접한 뒤로부터 수일동안 슬퍼하며 하나님께 금식하면서 기도를 올렸다. 비록 자신은 지금 바사제국의 관리이지만 여호와 하나님의 백성 된 자로 고국의 비참한 현실을 외면할 수는 없었다.

그의 고민은 얼굴에 나타났고 그의 평소와 다른 안색은 아닥사스다 왕의 눈에까지 띄게 되었다. 이로 인해서 그 원인을 묻는 왕에게 그는 조국의 사정을 말씀드리고 고국에 돌아가 무너진 성곽을 재건해도 좋다는 허락을 받아냈다.

그는 왕의 배려로 유다 지역 총독의 직책을 갖고 바사제국의 군대장관과 마병의 호위를 받으며 예루살렘으로 귀환하게 되었다(느 2:9) 그는 은밀하게 성을 탐사한 뒤에 그 동안 좌절해 있던 백성들에게 성곽 재건사업을 시작할 것을 선언했다. 국가의 기틀을 세우는 일이 무엇보다 시급하다는 것을 인식한 그는 그 일환으로 무너진 성곽을 중건하자고자 했던 것이다. 그는 백성들에게 여호와 신앙을 강조했고 이 선한 일에 반드시 하나님의 도우심이 있을 것을 확신했다.

그러나 언제든지 좋은 일에는 방해가 따르는 게 아닐까. 느헤미야가 유다 총독 신분으로 귀환할 때부터 근심하며 못마땅하게 생각했던 당시 사마리아 총독으로 있는 호론 사람 산발랏과 암몬 사람 도비야와 아라비아 사람 게셈이 방해공작을 시작했다. 처음에 그들은 마음속으로 근심하면서도(느 2:10) 겉으로는 느헤미야를 업신여기면서 비웃었다. "너희가 하는 일이 무엇이냐? 왕을 배반하고자 하느냐?"고 위협까지 했다(느 2:19).

그럼에도 불구하고 성곽 재건사업이 여전히 진척되어가자 여러 가지 방해공작을 시도했는데 맨 먼저의 방법은 심리적 교란이었다. 그들은 분노를 나타내기도 하고 비웃기도 하고 저들이 건축하는 성벽은 여우가 올라가도 곧 무너지리라고 무시하기도 했다(느 4:1-3).

그럼에도 효력이 없자 이번에는 무력을 동원해서 공사를 방해할 음모를 꾸몄고(느 4:7-8) 그것도 여의치 않자 화해 정책으로 유혹하여 느헤미야를 암살할 음모도 꾸몄다(느 6:2). 그 뿐인가. 바사제국에 반역하여 스스로 유다 왕이 되려고 한다는 헛소문을 퍼트리기도 했고(느 6:5-9) 심지어 선지자 스마야를 매수하여 "저희가 너희를 죽이러 올 터이니 우리가 하나님의 전으로 가서 성소에 피하자"고 거짓 예언을 하도록 했다(느 6:10-13). 물론 이것도 느헤미야로 하여금 범죄에 빠지도록 하는 계책이었다.

느헤미야의 성곽 재건사업은 결코 외부 세력의 방해만 있었던 것이 아니었다. 산발랏의 위협에 일부 유대인들은 동요했고 성곽 재건이 어려울 것이라는 비관적 생각을 갖기도 했다. 더구나 유대 사회의 빈부 격차는 내부의 갈등을 야기했으니 특별히 가난한 사람들은 흉년으로 인한 식량난과 과중한 세금에 시달리고 부자들에게 부동산을 저당 잡히며 심지어 자녀들을 노예로 팔아야 하는 경우도 있었다. 이런 내부적인 좌절감과 갈등이 어찌 외부의 방해만 못한 장애 요인이었겠는가. 그러나 이러한 대내외적으로 집요한 방해공작에도 불구하고 탁월하고도 헌신적인 느헤미야의 지도력으로 예루살렘 성곽은 재건을 시작한지 52일 만에 원래의 모습대로 완성을 보게 되었다.

세상에 쉬운 일이 어디 있는가? 만약 그것이 쉬운 일이라면 그만큼 중한 일이 아닐 수 있다. 참으로 의롭고 선한 일에 방해요소가 없을 수는 없다. 만약 방해요소가 없다면 그 일은 어쩌면 선한 일이 아닐 수도 있다. 그러나 무엇보다 선한 일을 진행하면서 그 어떤 비난이나 비판의 소리도 전혀 듣지 않으려 한다면 오히려 안일한 태도다. 언제나 방해자들은 조롱, 비판, 날조된 유언비어 유포, 음모, 위협, 폭력 등과 같은 비열한 수단을 동원하는 속성을 가지고 있는 것이다.

그것이 선한 일이고, 황폐화된 조국 재건의 기틀을 세우는 일이며, 하나님의 영광을 드러내는 일이기에 그 집요하고도 야비한 방해에도 굴하지 않고 끝까지 뜻을 관철한 것은 느헤미야의 용기다.

그리고 그 용기는 웬만한 난관만 만나도 쉽게 포기하고 좌절해 버리는 이 시대의 우리들이 배워야할 교훈이기도 하다.

> “우리가 선을 행하되 낙심하지 말지니 포기하지 아니하면 때가 이르매 거두리라”(갈 6:9).

하나님은 용기 있는 사람을 쓰셨다

펴 낸 날 1판 1쇄 2012. 9. 15

지 은 이 전종문
펴 낸 이 이환호
펴 낸 곳 도서출판 예찬사
등 록 1979. 1. 16 제302-2004-000056호
주 소 서울시 용산구 한강로2가 108-1 정우빌딩 205호
전 화 798-0147(편집) 798-0148~9(영업)
팩시밀리 798-0145
홈페이지 yechansa.com
전자우편 yechansa@yechansa.com
yechansa7@yahoo.co.kr

I S B N 978-89-7439-391-5